Général METZINGER

La Transformation de l'Armée

1897-1907

Prix: 1 Franc

EN VENTE :

A LA SOCIÉTÉ D'ÉDITION BELLEVILLE

29, Rue du Moulin-Vert, Paris (XIVᵉ)

ou 182, Rue de Rivoli (Palais-Royal)

1909

AVANT-PROPOS

Les inventions et les perfectionnements apportés au matériel peuvent du jour au lendemain changer la tactique. Mais tout ce qui touche à la discipline, au commandement, à l'état moral de l'armée, ne se modifie que peu à peu, à mesure que progresse la culture intellectuelle et morale de la Nation. Dans cette voie, les transformations brusques, à coups de décrets, sont dangereuses, parce qu'elles ne remplacent pas aussi vite qu'elles détruisent. Le cœur humain ne se transforme pas comme un fusil.

Avant d'arracher l'armée à son passé sous prétexte de la démocratiser, il convenait d'attendre que les traditions et l'esprit militaires, dont on ne voulait plus, fussent remplacés. Le patriotisme, l'amour de la justice et de la liberté, le souci du bien public poussé jusqu'au sacrifice, peuvent dans une certaine mesure, s'ils sont assez développés, tenir lieu des vertus militaires. Mais ces sentiments ne s'exaltent pas sur commande.

Privée de ses anciens soutiens avant d'en avoir de nouveaux, l'armée se laissera aller à la politique. Elle y trouvera peut-être des encouragements à certains intérêts et une protection contre l'arbitraire ministériel. Mais elle y perdra son temps, son caractère et son prestige.

Pendant près de trente ans, la République a voulu que son armée restât nationale, en dehors de l'agitation des partis, afin de n'être en rien détournée de ses devoirs professionnels. Quand elle l'eut faite forte à souhait et qu'elle se sentit en état de prétendre à la récompense due à ses longs et coûteux efforts, elle prit à tâche de bouleverser son œuvre, comme si elle avait craint de céder à la tentation de s'en servir.

METZINGER.

I

REVUE DU CAMP DE CHALONS.
GRANDEUR ET POPULARITÉ DE L'ARMÉE NATIONALE.
ÉLAN PATRIOTIQUE.

Le 9 octobre 1896, un souffle d'enthousiasme passe sur la France et la fait frissonner toute. Ce jour-là, la Nation présente son armée au Tsar.

Dans la matinée le temps s'est éclairci ; à midi le coup d'œil est superbe. La scène figure un immense carré ; sur une face les tribunes pavoisées, bondées de monde, entourées d'une mer humaine ; sur les trois autres côtés d'un front de trois kilomètres, les troupes alignées, immobiles.

Toute l'armée est là représentée. Ce sont d'abord les Chasseurs alpins descendus de leurs sommets glacés dans leur pittoresque accoutrement de montagnards, les Zouaves et les Tirailleurs, venus ceux-là des plaines brûlantes de l'Algérie et signalés à tous les regards par les voyantes couleurs de leur uniforme ; puis cinq divisions d'Infanterie, masses puissantes que jalonnent les drapeaux déployés et qu'encadrent les brigades plus sombres des Chasseurs à pied et de l'Infanterie coloniale ; puis encore les groupes d'Artillerie dont les alignements corrects et l'immobilité donnent l'impression d'un colossal bloc de métal aux arêtes vives et symétriques, et enfin quatre divisions de Cavalerie qu'animent et font scintiller les flammes des lances, l'éclat des cuirasses et des casques.

Le canon tonne, et au milieu du prestigieux décor les Souverains apparaissent, la Tsarine et le Président de la République en landau, le Tsar, sur lequel se dirigent tous les regards, à cheval, en tenue de colonel des Cosaques, culotte bleu foncé, tunique rouge, bonnet d'astrakan noir.

En avant et derrière eux, les escortes caracolent: Chasseurs d'Afrique en veste bleue, coiffure blanche, ceinture rouge, spahis drapés dans leur burnous écarlate, états-majors dorés et chamarrés, grands chefs arabes étincelants dans leur riche costume de parade. C'est un éblouissement.

A l'enchantement des yeux s'ajoute l'ivresse du bruit. Les tambours battent, les clairons sonnent, les musiques jouent l'*Hymne russe* et la *Marseillaise*, le canon gronde, et dominant le tout des milliers et des milliers de voix humaines acclament le Tsar, la Tsarine, le Président de la République et l'Armée.

L'enthousiasme va croissant, pendant que le Tsar passe devant les troupes et salue les drapeaux. Tout à coup un grand silence se fait; c'est le défilé qui se prépare. Pourvu qu'il soit beau ! une réelle émotion étreint la foule qui attend anxieuse. Rassurez-vous, braves gens! Les dispositions sont bien prises, les ordres clairement donnés, les pistes sablées jalonnent sûrement les directions, et les troupes vont rivaliser de correction, de souplesse et d'ardeur.

Pas une ombre au tableau, le défilé est superbe; le Tsar

se montre satisfait. Aussi, quand après la charge finale, le Général arrète net à 100 mètres des tribunes ses 96 escadrons frémissants et leur fait présenter le sabre, l'enthousiasme devient du délire. Les mains se tendent, les yeux se mouillent et des cœurs gonflés s'élance jusqu'au ciel un formidable cri de « Vive l'Armée ! »

L'Armée muette, mais reconnaissante et touchée jusqu'au cœur, secoue le linceul qui l'étouffe depuis vingt-cinq ans. Elle est heureuse de se sentir renaître et de pouvoir désormais sans crainte songer à l'avenir. Le regard perdu vers les collines qui bleuissent à l'horizon, elle se fait le serment de redoubler d'efforts, afin d'être toujours, quoi qu'il arrive, en état de justifier la confiance que le pays lui témoigne.

Sans doute les grands spectacles militaires ont toujours pour effet d'attirer et d'enthousiasmer les foules. Mais cette fois ce n'est pas seulement l'amour du panache qui fait vibrer les âmes.

A voir son armée, dont la belle tenue et les mouvements précis attestent la valeur, la Nation reprend confiance et se sent récompensée de l'énergique effort qu'elle poursuit depuis de longues années. Elle est fière de présenter son œuvre au Souverain du grand Empire, qui sera l'allié de demain. Elle est heureuse de constater qu'elle a repris son rang et est redevenue maîtresse de ses destinées. Parmi les milliers de spectateurs accourus de partout et que n'ont rebutés ni la pluie, ni la gêne d'un encombrement qui a dépassé toutes les prévisions, les Alsaciens-Lorrains sont certainement les plus émus. Mais ils restent graves et ne parlent guère. Ils se recueillent pour écouter la voix qui éperdument, sans arrêt, chante dans leur cœur. « L'aube du xxe siècle ne verra plus un seul casque à pointe de ce côté-ci, du Rhin. Dans quatre ans le drapeau tricolore flottera comme avant sur la flèche de nos cathédrales ».

Hélas ! quatre ans après, André était ministre de la Guerre et l'armée nationale agonisait.

II

RÉACTION ANTIMILITARISTE. — REPRISE DE L'AFFAIRE DREYFUS. — LE GÉNÉRAL DE GALLIFFET, MINISTRE DE LA GUERRE, PRÉPARE L'INTRUSION DE LA POLITIQUE DANS L'ARMÉE.

L'arrivée du Tsar en France et la revue du camp de Châlons avaient profondément remué la France et déterminé dans tout le pays un grand élan de confiance et d'espoir. Mais en même temps les ovations faites au souverain étranger et à l'armée avaient éveillé des jalousies et suscité des inquiétudes.

Les pacifistes de tempérament ou de métier, les révolutionnaires ennemis nés de l'ordre et de ce qui l'assure, les francs-maçons qui ne veulent pas d'une France puissante par haine du Catholicisme, les intellectuels dont la peau précieuse ne saurait être exposée aux fatigues du service militaire et aux risques de la Guerre, les politiciens enfin qui jamais rassasiés prétendent exploiter l'armée comme l'administration et la magistrature, tous ces gens, antimilitaristes conscients ou non, s'étaient sentis atteints par ce réveil imprévu du patriotisme et de l'esprit militaire. Mais, s'ils étaient tous d'accord pour en désirer l'affaiblissement, ils avaient par ailleurs des intérêts trop différents pour s'entendre et concerter une action commune.

Toujours prêts à profiter des circonstances qui peuvent les mettre en relief et assurer leur domination, les Juifs surent habilement exploiter les craintes que faisaient naître notre renaissance militaire et notre alliance avec la Russie (1). Ressuscitant l'affaire Dreyfus, ils déployèrent au nom du droit un drapeau autour duquel ils eurent l'adresse de rallier les troupes hétéroclites de l'antimilitarisme. Comme en outre ils leur fournirent le nerf de la guerre, ils en devinrent les chefs incontestés. C'est ainsi que, seuls et isolés en 1894, ils disposaient en 1897, un an après la revue de Châlons, d'une armée nombreuse, disciplinée et bien pourvue.

En outre des forces qu'ils mobilisèrent à l'intérieur, ils firent appel à l'étranger qui naturellement ne marchanda pas son concours.

Le plan de la campagne antimilitariste fut habilement dressé. De même qu'en 1870 l'empereur d'Allemagne proclamait qu'il faisait la guerre, non pas au peuple français, mais seulement à Napoléon, de même les Juifs et leurs alliés se défendirent d'abord de toute intention hostile vis-à-vis de l'armée. C'était au contraire dans son intérêt qu'ils attaquaient l'Etat-Major ; ils criaient très haut qu'ils n'avaient pas d'autre objectif que la défense du droit, de la justice et de la vérité. Ce n'est que plus tard, après qu'ils auront détourné l'attention, égaré l'opinion, déprécié et divisé l'au-

---

(1) Nos amis et alliés, les Russes, ne furent pas épargnés et eurent comme nous à pâtir de l'ingérence juive. Leur malencontreuse guerre avec le Japon et les mouvements révolutionnaires qui s'ensuivirent sont dus aux mêmes causes et aux mêmes procédés que chez nous la campagne antimilitariste.

torité militaire qu'ils passeront à la deuxième phase de la campagne et se rueront à l'assaut de l'armée nationale, sinon pour la détruire entièrement, au moins pour en faire une armée politique qui soit à eux.

Ils prirent l'offensive dans des conditions favorables. Ils avaient des intelligences et des appuis au ministère de la Guerre, où le très précieux concours du lieutenant-colonel Picquart, le successeur de Sandherr au service des renseignements, leur était acquis — à la Cour de cassation dont la Chambre criminelle ne cachait pas ses sympathies à leur cause — au sein même du Gouvernement, dès qu'ils réussirent à renverser le cabinet Méline et à le remplacer par le ministère Brisson (juin 1898).

Aussi, lorsque le 26 septembre le Conseil des ministres décida la revision du procès Dreyfus malgré l'avis de la Commission consultative de la Cour de cassation, pensèrent-ils avoir cause gagnée.

L'opinion était désorientée par tout le tapage mené autour des à-côtés de l'affaire, par les scènes accessoires qui embrouillaient à plaisir l'action principale, par l'intrusion de la politique qui s'affirmait de plus en plus malgré le vote des Chambres et les déclarations du Gouvernement (1). Elle se perdait dans les conseils de guerre, d'enquête et

---

(1) Séance du 30 mars 1897. M. Méline, président du Conseil, répond qu'il n'y a pas d'affaire Dreyfus, que la question était et devait rester judiciaire. La Chambre adopte par 484 voix contre 18 un ordre du jour, affirmant le respect de la chose jugée.

Séances des 13 et 24 janvier 1898. Ordres du jour de confiance votés au Gouvernement à la suite des déclarations de Méline qui veut laisser à l'affaire son caractère judiciaire.

de réforme, dans les jugements, les appels, pourvois et règlements de juges, dont s'embroussaillait le maquis de la procédure. Les débats successivement soulevés par les affaires Esterhazy, Picquart, du Paty de Clam, Leblois, Zola, etc., la déroutaient et lui faisaient perdre la véritable piste. Elle avait surtout été démontée par le suicide du lieutenant-colonel Henry, le chef du bureau des renseignements, que le ministre de la Guerre Cavaignac avait convaincu d'avoir falsifié une pièce. Sans doute elle ne concluait pas du particulier au général, et de ce qu'une pièce était fausse, elle n'induisait pas que toutes les autres devaient l'être également. Mais elle se demandait pourquoi ce faux avait été fabriqué, si la culpabilité pouvait être établie sans lui.

Toutefois, malgré ses doutes, la grande majorité du pays ne suivait qu'avec méfiance la campagne menée par les partisans de Dreyfus. Elle avait l'impression que l'armée est un bloc, qu'on ne peut pas frapper la tête sans ébranler le corps et que la guerre, faite en apparence contre le seul état-major, aurait pour conséquence l'affaiblissement de tout l'organisme. Or elle sentait que l'armée était nécessaire. Comme d'autre part elle la voyait à l'œuvre et n'avait eu jusque-là aucun motif de douter de son loyalisme et de son dévouement, elle se tenait sur ses gardes.

Aussi bien commençait-on à réfléchir. On se fatiguait des dames voilées, des expertises internationales et des révélations sensationnelles qui n'apprenaient rien. Au lieu de se passionner pour le fait du jour, on raisonnait. On se rappelait le vieil axiome juridique, *Fecit cui prodest*, et on cherchait à qui toute l'agitation faite autour de Dreyfus pouvait profiter.

Si l'état-major était vraiment une coterie, une franc-maçonnerie cléricale toute puissante, que lui importait Dreyfus, petit capitaine stagiaire, à la veille de quitter le ministère et qu'il était facile d'envoyer aussi loin qu'on voudrait? Est-ce Israël qu'on voulait atteindre en lui? Mais l'exemple des généraux Valabrègue et Naquet-Laroque, qui avaient fait presque toute leur brillante carrière au ministère et dans les états-majors, était la preuve qu'il n'y avait pas de persécution juive. En somme, l'état-major semblait n'avoir aucun intérêt à poursuivre une campagne qui ne pouvait lui rapporter aucun profit en cas de succès, et qui au contraire lui coûterait cher en cas d'échec.

Du côté adverse au contraire, l'enjeu était insignifiant et le gain pouvait être considérable. En échange des quelques millions qu'ils mettaient en banque et qu'ils avaient d'ailleurs l'adresse de se faire en grande partie fournir par l'étranger, les Juifs, s'ils étaient victorieux, acquéraient une situation prépondérante qui les rendaient les maîtres du pays. Les politiciens et les antimilitaristes ne risquaient que ce qu'ils voulaient ; la suite a prouvé ce qu'ils pouvaient gagner.

Seul, le lieutenant-colonel Picquart mettait une mise au jeu en risquant son avenir militaire. Mais aussi, s'il gagnait, quel triomphe, quelle fortune! Même en cas d'échec, il se taillait une réputation universelle, flatteuse pour sa vanité, et obtenait sûrement des compensations suffisantes pour le consoler de la perte de sa carrière.

Enfin les quelques officiers qui, sur le tard, s'attachèrent à sa fortune, ne le firent que lorsqu'il eut le vent en poupe. Ceux-là aussi risquaient peu en comparaison des avantages qu'ils se promettaient et qu'ils obtinrent.

Les chefs du parti, M. Reinach surtout, se rendaient compte que pour sauver leur client les dénégations ne suffisaient pas, et qu'il fallait trouver une explication. Peut-être auraient-ils pu se contenter de prétendre que le bordereau, la seule pièce accusatrice, n'avait pas été écrit par Dreyfus. Le colonel Sandherr, convaincu de la culpabilité et ne pouvant pas dévoiler les preuves qu'il en avait, aurait imaginé, pour en avoir une, de faire écrire la pièce de telle façon qu'elle pût être attribuée à Dreyfus. Cette hypothèse, si elle était admise, faisait tomber l'accusation, puisqu'il n'y avait plus de preuve matérielle. Mais elle reconnaissait implicitement la culpabilité; car Sandherr, Alsacien et protestant, ne pouvait pas être soupçonné de parti pris à l'égard de Dreyfus.

M. Reinach pensa trouver mieux. Après la mort d'Henry et le départ d'Esterhazy pour l'Angleterre, il les accusa tous les deux. Le premier fournissait les renseignements, le second les transmettait, et les deux complices se partageaient fraternellement le prix de leur trahison. Avertis que des fuites étaient signalées, ils auraient craint, sinon d'être découverts, au moins d'être obligés de cesser leur fructueuse industrie. Pour donner le change, ils auraient fabriqué le bordereau et accusé Dreyfus. L'état-major trompé par eux se serait ensuite, soit de mauvaise foi, soit aveuglé par un sot amour-propre, entêté dans son erreur initiale.

Le mieux est l'ennemi du bien. A vouloir trop prouver, M. Reinach ne convainquit que les personnes qui tenaient à le croire. Les autres n'admettaient guère cette trahison en partie double. Henry pouvait facilement se mettre en relation avec les agents de l'étranger sans avoir à partager ses profits et sans se compromettre avec un personnage aussi besogneux qu'Esterhazy. On ne comprenait pas non plus que les attachés militaires étrangers intéressés n'aient pas trouvé le moyen d'intervenir auprès des agents et de la presse de leur pays pour faire cesser une campagne en faveur d'un officier dont ils n'avaient cure, et contre un excellent indicateur qu'ils trouveraient difficilement à remplacer. Enfin on ne pouvait pas admettre que la mauvaise foi, ou l'aveuglement, de l'état-major, des ministres, des conseils de guerre ou d'enquête, ait été poussé au point de les river dans une aventure où ils avaient tout à perdre, rien à gagner.

Avant même que M. Reinach n'eût par ses dérobades successives devant les poursuites de Mme Henry (1), permis de supposer que ses affirmations n'étaient pas fondées, ces idées faisaient leur chemin. Malgré toutes les calembredaines qui le circonvenaient, le bon sens reprenait ses droits et se méfiait de la cause qui lui semblait poursuivre plutôt la réussite d'un syndicat d'intérêts que la défense des droits de l'homme. Il allait d'ailleurs être fixé.

Du 3 septembre au 26 octobre 1898, c'est-à-dire posté-

---

(1). Le 9 décembre 1898, après avoir formulé son accusation contre le lieutenant-colonel Henry, M. Reinach invita sa veuve qui protestait à le poursuivre en cour d'Assises, où la preuve est autorisée. — Assigné le 10 janvier 1899, il se déroba dans le maquis de la procédure aussi longtemps qu'il le put — Il finit pourtant par être condamné le 28 mai 1903. Il se pourvut alors en cassation. En octobre 1906, plus de 3 ans après, lorsqu'il fut remonté au pinacle par suite de l'arrêt de la Cour de cassation qui innocentait Dreyfus, il se désista de son pourvoi qui avait traîné jusque-là.

rieurement à la mort d'Henry, trois ministres de la Guerre, Cavaignac, Zurlinden et Chanoine, dûment informés, affirment comme les quatre précédents leur conviction dans la culpabilité de Dreyfus et démissionnent plutôt que de se prêter à des agissements contre leur conscience. Dès lors on ne doute plus, et le geste d'Henry n'apparaît plus que comme la manifestation irréfléchie et inutile d'une conviction exaspérée (1).

Sous la poussée de l'opinion le ministère Brisson doit se retirer (25 octobre 1898), et la loi dite de dessaisissement est votée quelque temps après (28 janvier 1899). A la place de la Chambre criminelle, dont la partialité paraît exagérée, c'est à la Cour de cassation, toutes chambres réunies, qu'est confiée la revision du procès. Enfin on prête au Président de la République le désir de voir cesser une agitation qui énerve et fatigue le pays. La cause du dreyfusisme et de l'antimilitarisme parait compromise, et l'alarme est grande chez ses partisans.

La mort subite et imprévue de Félix Faure (16 février 1899), survient à point pour leur rendre espoir et courage. Le 12 juin, dès qu'est connue la sentence de la Cour de cassation, qui casse le jugement du 22 octobre 1894 et renvoie l'affaire devant un nouveau conseil de guerre, le cabinet Dupuy est renversé. Il est remplacé par un ministère dont les chefs, Waldeck-Rousseau et Millerand, se sont à plusieurs reprises signalés par des démarches en faveur de Dreyfus.

_____

(1) Le faux Henry est du 31 octobre 1896 et fut découvert par le commandant Cuignet le 27 août 1898. Il n'eut donc aucune influence sur le jugement rendu par les conseils de guerre de 1894 et de 1899; il ne put avoir d'autre effet que de surexciter l'attention du 2° conseil.

Discuté au point de vue juridique, l'arrêt de la Cour de cassation fut accepté comme une nécessité politique, parce qu'il semblait devoir amener l'apaisement. De nouveaux débats, publics cette fois, largement ouverts, avaient sans doute l'inconvénient de désorganiser notre service des renseignements; mais ils offraient l'avantage de lever les doutes et de clore les discussions. Le nouveau conseil était trop averti pour ne pas tout examiner à la loupe, trop conscient de la responsabilité qu'il encourait pour ne pas tendre tout son esprit à la découverte de la vérité. Le verdict rendu en toute connaissance de cause et en toute conscience serait définitif. — Il n'y aura qu'à s'incliner devant le jugement quel qu'il soit — dirent les voix les plus autorisées.

Le Conseil de guerre se réunit à Rennes le 7 août 1899. Les débats durent un long mois jusqu'au 9 septembre et aboutissent à une nouvelle condamnation.

Pour en finir plus sûrement, le Président de la République cède aux instances de ses ministres et signe la grâce du condamné qui, de son côté, renonce à tout pourvoi en revision. — L'incident est clos — déclare le général de Galliffet, ministre de la Guerre, et dans le fait il ne veut plus entendre parler de l'affaire. (1)

---

(1) L'affaire Dreyfus ne devait être close que six ans plus tard, lorsque les élections de 1902 et de 1906, faites par Waldeck-Rousseau et Clémenceau, permirent la victoire des Dreyfusistes. Le 12 juillet 1906 la Cour de cassation cassa purement et simplement, sans renvoi, le jugement du Conseil de guerre de Rennes.

En vertu de lois fabriquées pour la circonstance, Dreyfus, réintégré dans l'armée avec son grade et son ancienneté, fut nommé chef d'escadron et décoré. Le lieutenant-colonel Picquart fut rappelé de la réforme à l'activité, et nommé général de brigade pour prendre rang de 1903, puis général de division quelques mois plus tard.

2

Le capitaine François, chargé de ce qui reste du service des renseignements, tente vainement de l'informer qu'elle se poursuit en secret et que des agents sont lancés à la recherche d'un fait nouveau qui permettrait de la reprendre. Son rapport n'est pas lu. Le capitaine Fritsch qui dévoile les menées de Tomps est mis en non-activité (1). Mais quatre jours après, à la suite d'orageux débats à la Chambre, le ministre de Galliffet doit se rendre à l'évidence et admettre la continuation des menées dreyfusistes. Il quitte la séance et donne immédiatement sa démission (28 mai 1900).

Aussi bien son rôle est-il fini. Son prestige et sa situation militaire lui ont permis de saper l'œuvre de ses prédécesseurs. Par ses exécutions (2) et ses brutalités, qu'il se

---

(1) Le rapport du capitaine François sur les agissements de l'agent de la sûreté Tomps fût brûlé par le chef de l'Etat-major général, qui ne crut pas pouvoir enfreindre l'ordre donné par le ministre de ne plus s'occuper de l'affaire. Mais le ministre, qui refusait d'entendre son service des renseignements, écouta M. Tomps et reçut de lui une déclaration d'un certain Wessel, officier allemand, déserteur, poursuivi par son gouvernement pour espionnage et escroquerie. Ce Wessel accusait un officier des renseignements, le capitaine Mareschal, d'avoir voulu le corrompre. Sur le simple dire de ce triste personnage, et sans d'ailleurs être entendus, les capitaines Mareschal et François, ce dernier comme chef de service responsable, furent renvoyés du ministère et placés dans un corps de troupe.

Désespérant de vaincre l'obstination du ministre, le capitaine Fritsch, resté seul au service des renseignements, communiqua les photographies de lettres de M. Tomps (V. note Tomps, p. 58) à M. le Hérissé, député, qui prévint le ministre.

Mis en non-activité, le capitaine Fritsch dut s'expatrier et chercher un emploi aux colonies pour assurer l'existence de sa femme et de ses enfants. Malgré l'avis du Conseil d'enquête, le général André, successeur de Galliffet, ne le rappela pas à l'activité.

(2) Général de Négrier mis en disponibilité en mai 1899. Au cours

plaisait à prendre pour de l'énergie, il a jugulé l'armée. Mais là s'arrêtait sa mission. Il n'offrait pas au parti assez de garanties pour exercer l'omnipotence ministérielle, dont il avait préparé l'avènement. Il dut céder la place à l'homme depuis longtemps désigné, qui arrivé par la politique ne pourrait rien lui refuser.

---

d'une inspection il avait cherché à rassurer les officiers dont il constatait les inquiétudes. Il leur avait dit d'avoir confiance dans leurs généraux et ajouté qu'au besoin ceux-ci les soutiendraient auprès du président de la République, chef de l'armée.

Généraux Giovaninelli et Hervé, relevés de leur commandement le 24 octobre 1899 pour raison de santé. Le général Hervé venait de diriger les manœuvres d'ensemble des 6e et 20e corps d'armée, qui s'étaient terminées le 15 septembre par une grande revue à la Croix-sur-Meuse.

Le ministre de la Guerre est en droit de relever de son commandement qui bon lui semble ; mais d'habitude il se considère comme tenu à certains égards vis-à-vis des chefs de l'armée qu'il représente. Or, le général Hervé, qui comptait quarante-cinq ans des plus beaux services, fut informé de la décision qui le frappait par une note laissée chez son concierge par un planton. Il ne fut admis ni à se renseigner, ni à s'expliquer. Le ministre refusa de le recevoir et ne répondit pas à sa lettre. Il s'était abstenu déjà de répondre à l'invitation de passer la revue, ou d'y assister, que lui avait adressée le général.

Aussi les officiers, qui approchaient le général Hervé et qui se souvenaient de la franchise avec laquelle il avait témoigné au procès Déroulède, quelques mois avant, se demandèrent-ils si sa disgrâce était vraiment due à son état de santé.

III

MINISTÈRE ANDRÉ. — POUVOIR ABSOLU DU MINIS-
TRE. — DÉLATION ET ARBITRAIRE. — SUBTITU-
TION BRUTALE DE L'ARMÉE POLITIQUE A L'ARMÉE
NATIONALE.

En arrivant au Ministère, le général André était connu
surtout comme le protégé de M. Brisson. On lui repro-
chait de s'être trouvé empêché de monter à cheval la
veille de la bataille de Champigny. Mais plus tard, aux
derniers jours de la Commune, chargé du service d'une
batterie au Point-du-Jour, il s'était bien comporté et avait
été décoré.

Allait-il alors à la messe? En tous cas ce fut sur la proposition de deux catholiques pratiquants, le colonel Bézard
et le général Hennet, ses chefs directs, qu'il passa chef
d'escadron au choix et fut un peu plus tard appelé à la direction de l'école de tir pratique de Bourges. Comme colonel
il se trouva à Grenoble sous le commandement du général
Berge et se tint coi. Mais plus tard, à l'école Polytechnique,
dont il obtint le commandement et où il était plus libre, il
se brouilla avec le conseil d'Administration, fit de la popularité aux dépens de la discipline et finit par se rendre
impossible. Il n'en passa pas moins divisionnaire.

Ceux qui l'on connu et approché sont d'accord pour

reconnaître qu'il s'est toujours plu à étonner par l'originalité de ses paradoxes et l'imprévu de ses théories morales, politiques et militaires. Dans le trajet de Versailles à Paris qu'il faisait quotidiennement, lorsqu'il était jeune officier dans l'artillerie de la Garde, il stupéfiait ses compagnons de route par la fantaisie de ses aperçus. Il aimait, disait-il, épater le bourgeois. Mais tandis que les uns ne voient dans cette singularité que simple cabotinage et lubies de fantasque, d'autres pensent que ce besoin de forcer l'attention était inspiré par la vanité et l'ambition.

Au ministère il n'est plus que l'homme-lige, l'instrument des juifs et des francs-maçons, qui l'ont fait arriver. Il entreprend immédiatement l'exécution de la deuxième partie de leur programme. L'affaire Dreyfus, qui a rempli son but en rendant possible son arrivée au pouvoir, passe au second plan. Il s'agit maintenant d'enlever à l'armée son caractère national et de la livrer au parti qui prétend en disposer à son profit.

L'énumération de toutes les mesures prises pour dénationaliser l'armée serait longue et inutile. Il suffit d'en citer quelques-unes pour se rendre compte de l'esprit qui les a inspirées et du but poursuivi.

Une des premières adoptées, et la plus importante est celle qui met le sort des officiers à la disposition du ministre. Il est essentiel, pour faire apprécier la révolution qu'elle a introduite dans l'armée, de rappeler ce qui se passait avant.

La loi du 5 janvier 1872 qui réglait le nouveau mode d'avancement des lieutenants et sous-lieutenants, celle de 1875 qui réorganisait l'armée, la création des corps d'armée et plus tard celle du conseil supérieur de la guerre avaient entraîné de nombreuses modifications dans la loi de 1832 et l'ordonnance de 1838. Les différents décrets qui consacraient ces changements s'inspiraient surtout de la nécessité de soustraire l'armée aux fluctuations de la politique. Ils partaient de ce principe qu'un ministre éphémère, sans autre contrôle que celui d'un parlement incompétent au point de vue du personnel et irresponsable, ne pouvait pas exercer sur les cadres de l'armée le pouvoir absolu et discrétionnaire dont jouissaient autrefois le roi ou l'empereur, chefs intéressés de l'armée.

Après plusieurs tâtonnements, le décret du 3 mars 1899 revient au système établi par le décret du 2 avril 1889. Il est rendu par M. de Freycinet, président de la commission de l'armée du Sénat depuis 1894, et revenu au ministère de la Guerre qu'il a déjà occupé pendant cinq ans dans cinq cabinets successifs.

L'avancement des officiers est déterminé par une hiérarchie de commissions composées d'officiers généraux. — 1° Les commissions d'armes opérant, par corps d'armée pour l'infanterie, sur l'ensemble pour les autres armes et services, classent les candidats jusqu'au grade de chef de bataillon ou d'escadron. — 2° La commission supérieure composée des généraux commandants de corps d'armée classe pour toutes les armes et services les candidats aux grades de lieutenant-colonel et de colonel, et dresse une liste de présentation pour les grades de généraux de brigade et de division. — 3° La commission composée des généraux inspecteurs d'armée classe pour les grades de généraux de brigade et de division et donne son appréciation sur les candidats au commandement de corps d'armée. Le nombre des candidats à classer ou à présenter est fixé par le ministre. La part revenant à chaque commission du 1ᵉʳ degré est également déterminée par le ministre, proportionnellement au nombre des officiers satisfaisant dans le corps d'armée aux conditions d'ancienneté exigées pour être proposés.

Les candidats à inscrire au tableau y sont portés par ordre d'ancienneté, sauf ceux aux grades de généraux de brigade et de division qui demeurent classés par ordre de préférence.

Enfin chaque année les tableaux d'avancement figurent au *Journal Officiel* à la suite des tableaux de l'année précédente qui n'ont pas été épuisés.

Par ces dispositions les officiers se trouvent soutenus et défendus par leurs chefs directs qui les connaissent et ont à cœur de faire valoir leurs titres, aussi bien pour conserver la confiance et l'estime de leurs subordonnés que pour s'entourer de bons collaborateurs.

Cette manière de procéder, qui ne tient compte que de la valeur professionnelle des candidats, constitue la meilleure des garanties, autant pour les intéressés que pour le bon fonctionnement du service et le bien général. Elle réduit au minimum les abus et le favoritisme inhérents à toute œuvre humaine. Mais en laissant aux officiers une grande indépendance au point de vue politique et confessionnel, elle ne peut convenir qu'à une armée vraiment nationale.

Aussi, bien qu'elle ait été acceptée par des ministres comme Ferron, de Freycinet, Cavaignac, Krantz, dont l'attachement au régime républicain est hors de doute, elle est immédiatement battue en brèche par les ministres chargés de faire une armée de parti.

Par décret en date du 29 septembre 1899, le général de Galliffet déclare que « le mode d'avancement des officiers en vigueur est le renversement de toutes les règles de la logique et de la sagesse, qu'on ne trouvera pas un exemple de cette manière de faire, ni dans un autre ministère, ni dans un autre pays, et qu'enfin tout ministre de la Guerre ayant le sentiment exact de ses devoirs et de sa responsabilité se refusera à exercer ses fonctions dans un pareil état d'impuissance (1) ».

L'énergie de l'affirmation a surtout pour objet de masquer la pauvreté de l'argumentation. Le ministre sait bien que l'armée, privée de ses droits civiques, est une institution spéciale qui ne peut pas être assimilée à une autre administration, et que d'ailleurs, dans les autres ministères français l'absolutisme et le favoritisme ministériels sont sujets à certains tempéraments. Il ne peut pas non plus ignorer l'inanité de l'argument tiré de l'exemple des autres pays, où le ministre, délégué et représentant du souverain, n'est pas, comme en France, soumis aux caprices de la politique.

Aussi n'opère-t-il pas tout d'abord avec sa fougue accoutumée. Il se borne à s'attribuer la nomination des généraux.

---

(1) Le ministre de la Guerre a toujours eu le droit d'inscrire sur les tableaux d'avancement qui bon lui semblait. Les prédécesseurs de Galliffet n'en usaient que rarement, sauf pourtant le général Billot, qui en faisait un assez fréquent usage.

Un peu plus tard, il est vrai, par un nouveau décret en date du 9 janvier 1900, il décide que les Commissions seront seulement consultatives et se réserve le droit d'inscrire au tableau, d'office et sans propositions, les officiers attachés à l'Élysée, aux différents ministères, aux Chambres et aux ambassades, en mission et en campagne. Mais la part faite à la politique étant ainsi largement assurée, il laisse subsister les commissions et même tient compte de leurs propositions.

C'est au général André qu'est confié le soin d'achever l'œuvre commencée. Il se met de suite au travail, mais sournoisement d'abord. Les décrets du 3 octobre et du 28 décembre 1900 paraissent maintenir les Commissions composées de généraux comme antérieurement; en réalité, par certaines dispositions nouvelles, ils leur enlèvent toute leur influence.

Les tableaux ne sont plus valables que pour l'année en cours. Les officiers qui ne sont pas promus dans l'année doivent être l'objet de nouvelles propositions. Enfin, le ministre peut choisir qui bon lui semble sans tenir compte du classement établi par le tableau.

Pour régler l'avancement à sa fantaisie le ministre n'a plus qu'à surcharger les tableaux de telle façon que deux années au moins soient nécessaires pour les épuiser. André n'y manque pas. Bien qu'il ait prétexté de l'encombrement des tableaux pour justifier ses décrets, il double par des inscriptions d'office le nombre des officiers proposés par les Commissions de classement. Il peut dès lors nommer les candidats qui lui plaisent; les autres resteront indéfiniment sur le tableau, reportés d'année en année, sans qu'une indication quelconque les renseigne sur le motif et la durée de leur disgrâce.

Mais ce n'est point assez. De nouveaux décrets en date du 27 février et du 15 mars 1901 suppriment purement et simplement les inspections générales et les Commissions de classement. Désormais, c'est du ministre seul que dépendront l'avancement et l'avenir des officiers. Tous ceux qui ont l'ancienneté voulue sont présentés, et le ministre choisit.

Les chefs de corps et les généraux sont admis, il est vrai, à faire connaître leur appréciation sous la forme de numéros de préférence donnés à leurs candidats. Mais, afin de bien établir qu'il n'y a rien à attendre que de la bonne grâce ministérielle, il n'est tenu compte de ces numéros de préférence que pour aller au rebours de leurs indications ; 3, 6, 8 sont agréés, alors que 1, 2, 4 restent sur le carreau, sans d'ailleurs qu'aucun motif soit donné pour expliquer ces interversions.

Cependant, le ministre a des occupations qui ne lui laissent pas le temps de compulser des dossiers et de dresser des listes. Jadis il se faisait suppléer par les commandants de corps d'armée, inspecteurs des candidats. André délègue pour ce travail les officiers de son cabinet. L'avancement dans l'armée, si délicat et si difficile à régler, se trouve ainsi livré à des jeunes capitaines que leurs relations politiques, maçonniques surtout, beaucoup plus que leurs services, ont appelés au poste de confiance qu'ils occupent.

L'un se charge de l'infanterie, un autre s'attribue l'artillerie et le génie, un troisième est grand maître de la cavalerie. Bien entendu ils ne s'oublient pas, ni eux, ni leurs amis ; ils poussent la prévoyance jusqu'à écarter ceux qu'ils regardent comme pouvant dans l'avenir leur porter ombrage, et font des gorges chaudes des vieilles culottes de peau qui ont la faiblesse de venir plaider auprès d'eux la cause de leurs subordonnés.

Quand eux et leurs amis sont pourvus, ils choisissent les candidats pour les vacances qui restent, non d'après les notes de leurs chefs, ce serait porter atteinte à l'omnipotence ministérielle, mais sur les renseignements que leur fournissent les loges, et hélas, aussi les Judas qu'ils ont trouvé moyen d'aposter dans la plupart des corps.

Le concours de la délation leur permet d'étendre leur action. Sur des indications inconnues des intéressés, ils accordent ou refusent les permutations, les changements de corps et de garnison. Aux Corinthiens, c'est-à-dire aux officiers que patronnent les loges, Paris et les grandes villes ; aux Carthaginois, dont les femmes vont à la messe, la Corse, les petites places de l'Est, ou Maubeuge s'ils demandent le Midi.

Cet odieux système d'espionnage arrive à dégoûter certains officiers de l'entourage même du ministre. Mais le Gouvernement, dûment averti, couvre tout, et confère à André la médaille militaire (1), suprême récompense

---

(1) Le 30 décembre 1902 M. Combes, président du Conseil, est informé par M. Waldeck-Rousseau de l'existence des fiches au cabinet du ministre de la Guerre, de leur provenance et de l'emploi qui en est fait. Il laisse faire, et le 30 mai 1903 il confère la médaille militaire à André pour services exceptionnels.

Notes de M. Waldeck-Rousseau, publiées par le *Figaro* du 3 novembre

réservée aux services exceptionnels. Il faut les courageuses révélations de Bidegain et de Guyot de Villeneuve et le geste vengeur de Syveton pour soulever l'indignation publique et amener la Chambre effrayée du scandale à flétrir les délateurs. Malgré ses piteuses dénégations André s'effondre, écrasé sous le poids du mépris public.

Malheureusement le système ne disparaît pas avec lui. On assure que registres et paquets de fiches ont été brûlés, et de très nombreuses circulaires règlent la façon dont les officiers peuvent avoir communication de leur dossier. Mais ils n'y trouvent que les notes de leurs chefs militaires, et l'arbitraire ministériel inspiré par des renseignements occultes n'en subsiste pas moins. Ce qui le prouve en dépit de toutes les dénégations possibles, c'est que malgré les assurances plusieurs fois données par les successeurs d'André, la loi qui entourera de certaines garanties l'avancement des officiers reste toujours à faire.

De temps en temps sans doute on constate une nomi-

1904, reproduites dans l'ouvrage du capitaine Mollin : *La vérité sur l'histoire des fiches*.

« 24 décembre 1902. Reçu la visite du général Percin........................
Mais je lui ai dit, que s'il devait, à mon sens, rester à son poste, il devait refuser catégoriquement de se prêter à des pratiques aussi extraordinaires, aussi blâmables et aussi inadmissibles que celles qu'il me signalait, et de laisser figurer dans les renseignements personnels ceux puisés aux sources les moins autorisées et qui pouvaient être les plus suspectes. »

« 30 décembre. Vu Combes. Je lui ai rapporté la conversation précédente. Mon avis est que le procédé mis en vigueur à la Guerre est inadmissible et déchaînera de légitimes colères quand il sera connu. Combes en convient. Il ne connaissait pas les feuilles avec renvoi aux fiches. Tout cela doit cesser ; mais il attend Delpech après les élections sénatoriales ».

nation qui étonne. Mais elle est l'exception qui confirme la règle, la part faite à l'opinion ; elle permet de dire que les candidats des chefs de corps ne sont pas systématiquement écartés. En réalité, pour peu qu'on veuille y faire attention, on reconnaît que l'avancement est dirigé de telle façon que, si des Carthaginois peuvent encore arriver généraux, il n'y aura bientôt plus que des Corinthiens au sommet de la hiérarchie ou en situation d'y parvenir.

C'est d'ailleurs logique et naturel. L'armée nationale vaincue subit les conséquences de sa défaite et n'a qu'à se soumettre aux exigences de ses vainqueurs. Que ceux-ci aient profité et abusé de leur victoire, c'est dans l'ordre, *Væ Victis !* Mais l'hypocrisie de leurs procédés a dépassé la mesure. En prétendant agir au nom du droit et de la justice, ils ont bafoué leurs victimes et rendu leur triomphe odieux. Ils se sont d'ailleurs rendu compte des haines qu'ils soulevaient et ont senti le besoin de se faire des partisans.

André adopta la tactique du parti qui dans ses discours fait appel à l'union et à la tolérance et qui, en réalité, cherche dans la guerre de classes son moyen de gouvernement. Il s'attacha à établir des catégories d'officiers et à les opposer les unes aux autres. C'est ainsi qu'il se donna comme le protecteur des officiers venus du rang et des ambitieux déçus, qui aiment mieux se croire victimes des jésuites que de reconnaître l'insuffisance de leurs titres professionnels.

Il est entendu depuis plus d'un siècle qu'en France chaque soldat porte un bâton de maréchal dans sa giberne.

Encore faut-il que la guerre lui fournisse des occasions d'ouvrir sa giberne. Dans les longues périodes de paix, les qualités naturelles qui distinguent l'officier de choix, courage, sang-froid, décision, aptitude au commandement, ne s'affirment qu'à la longue. On est amené pour les grades subalternes à chercher d'autres éléments d'appréciation, à tenir compte, entre autres choses, de la vocation, du travail et de l'instruction.

Or, il faut bien admettre que les jeunes gens qui ont fait des sacrifices de temps et d'argent pour s'instruire, qui grâce à leur instruction peuvent choisir entre plusieurs carrières et qui, de préférence, entrent dans une école militaire, font preuve d'application et d'une vocation marquée.

Les officiers qui proviennent, soit des appelés, soit des engagés volontaires, ne présentent pas aussitôt les mêmes garanties. Les premiers n'ont peut-être été retenus au service qu'en raison de leur embarras à trouver ailleurs une situation équivalente. Les seconds ont pour la plupart échoué aux examens, ou trouvé trop pénible de s'y préparer; leur application et leur goût du travail ne sont pas certains.

Il serait donc juste que, toutes choses égales d'ailleurs, un avantage fût assuré à l'officier sortant de l'école. Et pourtant on ne peut pas dire que les autres sont, de parti pris, exclus du choix. Au contraire, si les titres sont équivalents, celui d'avoir passé par la troupe fait souvent pencher la balance en faveur de celui qui le possède.

Ce sont d'inéluctables considérations de service et d'intérêt général qui avantagent l'officier provenant de l'école, non pas parce que plus méritant, mais parce que plus jeune. Lorsque la paix se prolonge et que l'avancement général se ralentit, la nécessité de recruter l'état-major général dans des conditions d'âge acceptables entraîne à pousser les jeunes. Autrement, pour les grades supérieurs, le choix ne pourrait s'exercer que sur un trop petit nombre de candidats.

Il est tout aussi inexact de prétendre qu'avant André les officiers républicains étaient arrêtés dans leur carrière. L'opinion et la règle, qui dominaient alors partout, étaient que l'armée avait autre chose à faire qu'à s'occuper de politique. Un officier politicien aurait certainement été mal noté; mais le type n'existait pas, et les chefs ne s'inquiétaient nullement des croyances et des convictions qui ne s'affichaient pas. Gambetta a accepté le général de Miribel comme chef d'état-major général, et jamais les généraux Farre, Faidherbe, Ferron, Delebecque, Billot, Saussier, Dessirier, Brugère et tant d'autres, sans parler de Peigné, n'ont caché leurs sentiments républicains. Le général Percin, dont les idées anticléricales datent de loin, est passé lieutenant-colonel en 1890 à 44 ans, colonel en 1895 à 49 ans.

André lui-même a été appelé au commandement de l'école Polytechnique, et le geste très républicain qu'il eut alors ne l'empêcha point de passer divisionnaire quelque temps après. Aujourd'hui le colonel ou le général, qui se permettrait de solliciter pour lui et ses subordonnés une invitation à une cérémonie politique, de caractère tel que le Gouvernement refuserait de s'y faire représenter, n'attendrait pas longtemps sa mise d'office à la retraite.

La mainmise sur l'avancement est une satisfaction donnée à la politique intéressée qui n'a jamais assez de places et de faveurs à distribuer. Il faut aussi donner des gages aux antimilitaristes de sentiment qui réclament, sinon la suppression de l'armée, au moins son affaiblissement. Dès son arrivée au ministère, André saisit le Conseil d'état d'un projet de décret qui abroge celui de Messidor de l'an XII et réduit les honneurs rendus aux autorités militaires. Il amorce la suppression des conseils de guerre et fait commencer l'étude de la loi qui réduira à deux ans la durée du service militaire, sans tenir compte des objections que lui présentent les bureaux techniques.

Son zèle démolisseur s'étend à tout. En octobre 1900, sous le seul prétexte que les circonstances ne sont plus les mêmes, il supprime la circulaire en vigueur depuis 1843, qui entoure de certaines garanties le mariage des officiers.

Les jeunes officiers, dépaysés dans les villes où ils sont envoyés en garnison, sont exposés à des entraînements de nature à compromettre leur avenir, à les dévoyer même pour le reste de leur vie. Il est utile de les protéger contre leurs faiblesses et les tentations qui les sollicitent. En outre, lorsqu'on impose l'uniforme aux officiers et qu'on les assemble en grand nombre dans de petites garnisons, on les oblige à de la tenue et à une certaine intimité entre eux. Ils ne peuvent pas, autant que dans la vie civile, s'isoler et vivre à l'écart.

Le règlement avait fait preuve de sagesse et de prévoyance en ne les autorisant à se marier que si la future justifiait d'une certaine dot. L'apport de la femme lui assure dans la communauté la place qu'elle doit tenir et est dans bien des cas une aide indispensable à la vie matérielle du ménage. Il comporte, surtout au point de vue intellectuel et moral, des garanties qui maintiennent dans la mesure du possible l'égalité et l'harmonie nécessaires dans les ménages militaires. C'est grâce à la respectabilité et à la considéraration dont jouissaient ces ménages que les officiers trouvaient à se marier dans des conditions qui excitaient des jalousies. En autorisant leur mariage sans autre garantie qu'une vague déclaration de moralité, dont la moindre influence politique permet d'ailleurs de se passer, la circulaire du 1ᵉʳ octobre 1900 ouvre la porte à la misère, à l'envie et à la désunion. La mesure est de toutes façons préjudiciable aux intérêts des officiers ; mais elle favorise les divisions et les coteries, où germe la délation.

Les Écoles ne sont pas épargnées. Sans doute celles de Saint-Cyr et de Polytechnique ne sont pas encore supprimées. Mais André s'est attaché à en diminuer l'importance et à les détruire en détail.

Jusqu'à son avènement, leurs cadres étaient choisis par le ministre sur des listes de propositions établies par les généraux inspecteurs ou les présidents des comités d'armes. Ils étaient recrutés parmi les officiers qui remplissaient certaines conditions d'aptitude et qui sortaient généralelement de l'école où ils étaient appelés à servir ; ils en connaissaient donc l'esprit, la tradition et les besoins.

Moins de trois mois après son arrivée, par sa circulaire

du 25 septembre 1900, André s'attribue le droit de prendre le personnel des Écoles où bon lui semble et en dehors de toutes propositions. On imagine sans peine où il ira le chercher.

La cavalerie passe pour cléricale et réactionnaire. C'est elle qui recevra les premiers coups. Jusqu'en 1900 les élèves cavaliers étaient désignés un ou deux mois après leur entrée à l'école, dès qu'avaient été constatées leur aptitude physique, leur pratique de l'équitation et leur connaissance du cheval. Cette disposition présentait un double avantage : elle consacrait le plus de temps possible au dressage spécial des élèves cavaliers, et elle fournissait à la cavalerie des officiers qui servaient d'autant mieux qu'ils le faisaient avec goût. Mais, si elle donnait satisfaction à l'intérêt général, elle n'était pas conforme au principe de l'égalité démocratique. Elle favorisait les classes privilégiées dont la fortune permet l'usage du cheval. André décide donc que tous les élèves indistinctement feront la première année dans les mêmes conditions, c'est-à-dire comme fantassins, et que ce sera le classement général de fin d'année qui déterminera les admissions dans l'escadron.

Les programmes sont bouleversés ; celui des examens d'entrée est même supprimé. La connaissance de l'histoire est remplacée par celle de la philosophie. Les études et l'art militaire sont réduits pour faire place à des conférences sur la sociologie et la mutualité.

En février 1883, un discours publié *in extenso* par le journal *la Justice*, et prononcé le lendemain à l'école de Saint-Maixent par le général Boulanger, alors directeur de l'Infanterie, exposait que l'unité d'origine était impossible à réaliser et que c'était à l'unité du but qu'il fallait tendre.

Sans doute, la solution est désirable. Elle a été heureusement facilitée par les dispositions qui permettent aux élèves officiers de Saint-Maixent d'arriver à l'épaulette dès l'âge de 22 ans. C'était dans cette voie qu'il convenait de persévérer, en n'exigeant plus, par exemple, qu'une année de grade de sous-officier comme condition d'entrée à l'école, ou en datant l'ancienneté comme officier des Saint-Maixentais de six mois avant la sortie.

L'inégalité résultant de la différence d'instruction générale a moins d'importance que celle qui provient de l'âge ; en tous cas, elle ne peut être atténuée qu'à la condition de relever le niveau des études faites à Saint-Maixent. La chercher par l'abaissement de l'instruction à Saint-Cyr est une lourde faute.

La seule méthode qui semble possible pour arriver à l'unité du but est la création d'écoles d'application d'où Saint-Cyriens et Saint-Maixentais sortiraient à peu près au même âge, entre 21 et 23 ans, et avec le même bagage de connaissances techniques et professionnelles. Les uns et les autres auraient, au préalable, passé une année dans des écoles préparatoires, les uns pour compléter leur instruction générale, les autres pour acquérir l'instruction militaire qui leur manque.

Mais est-ce vraiment là le but qu'on poursuit aujourd'hui ? La création d'une troisième catégorie d'officiers, celle des adjudants nommés sous-lieutenants directement et sans examens (18 juin 1904), fait douter de l'importance qu'on prétend attribuer à l'unité d'origine. En outre, il convient de constater la tendance constante à diminuer dans les corps la proportion des Saint-Cyriens. Leur nombre descend de 520 en 1900 à 296 en 1904 et à 226 en 1907. Celui des Saint-Maixentais et Saumuriens (1), pour ces mêmes années, est de 416, 328, 282. C'est-à-dire que Saint-Cyr qui, en 1900, fournissait 104 officiers (infanterie et cavalerie) de plus que Saint-Maixent-Saumur, en fournit 32 et 56 de moins en 1904 et 1907. Cette différence de 160 à l'avantage des officiers sortant du rang est encore augmentée par l'appoint des officiers qui viennent directement des adjudants.

On peut se demander si toutes les mesures pour déprécier Saint-Cyr et en éloigner les meilleurs candidats sont inspirées par l'amour de l'égalité et de la démocratie. Il parait plus vraisemblable que le parti qui gouverne ne veut pas d'une armée instruite, qui se rende compte et raisonne ; il désire avant tout des serviteurs aveugles et sourds.

En tous cas, le nombre des jeunes gens qui se présentent à Saint-Cyr décroît avec une rapidité vraiment impressionnante. D'environ 2,000 avant 1900, il s'abaisse chaque année de 100 à 150 unités ; il n'est plus que de 1,200 en 1905 et de 850 en 1908. Encore un peu de persévérance et Saint-Cyr périra par extinction. Il n'y aura plus qu'une école soi-disant militaire où, conformément à la nouvelle doctrine, le zèle politique, maçonnique et anticlérical, primera les titres professionnels.

C'est le propre et le châtiment des gouvernements

---

(1) L'écart entre les promotions de Saumur étant très considérable d'une année à l'autre, il a été pris la moyenne des huit années 1900-1907 ; elle est de 84.

despotiques d'être hanté par la peur des capacités. Le vieux Rainilarivony se méfiait de ses officiers. Il gardait auprès de lui sans l'employer le prince Ramahatra qui inspirait confiance aux soldats, et il nommait commandant en chef, pour l'envoyer contre le général Duchesne, Rainanzalaha, un banquier dont la fortune garantissait la fidélité.

En résumé, l'œuvre d'André, en ce qui concerne les officiers, aboutit à ceci : mettre l'avancement à l'entière disposition du ministre, qui devient le chef souverain de l'armée, sans autre tempérament que le contrôle illusoire, au point de vue militaire, d'Assemblées politiques incompétentes et sans responsabilités; amoindrir le commandement et niveler par en bas la masse des officiers ; pousser rapidement quelques sujets sûrs, ayant fourni des gages, qui parviendront, quoi qu'il arrive ensuite, parce qu'ils seront à peu près sans concurrents.

Cette transformation radicale de l'état des officiers a été presque achevée en six mois, et poursuivie sans études ni consultations des services techniques, des directions du ministère et du Conseil supérieur de la guerre. La rapidité et la décision avec lesquelles le travail a été mené prouvent surabondamment qu'André est arrivé au ministère chargé de l'exécution d'un programme bien arrêté. Homme de parti, il a oublié qu'au pouvoir il était le ministre de tous et que son rôle était, non pas de révolutionner l'armée, mais de la faire progresser sagement en servant de médiateur entre elle et ceux qui l'attaquaient. Il s'est borné à remplir rigoureusement la mission que lui a confiée son parti et ne s'est pas inquiété des intérêts généraux, dont l'examen et le souci lui étaient pourtant imposés par ses fonctions.

L'action d'André n'est pas aussi immédiate sur la troupe que sur les cadres; mais elle n'est pas moins néfaste. Les décrets du 2 novembre 1902, portant réorganisation des compagnies de discipline, des bataillons d'Afrique et des établissements pénitentiaires, indiquent nettement le but poursuivi.

Ils posent en principe que les mauvais sujets sont les victimes d'un cerveau déséquilibré. La famille et l'école, la maison de correction et le régiment n'ont pas pu venir à bout de leur paresse et de leurs mauvais instincts; c'est parce que nulle part on n'a su les prendre. Les gradés des corps d'épreuve et des pénitenciers devront accomplir ce miracle.

« Ils doivent s'attacher, disent les décrets, à connaître tous leurs hommes, afin de traiter chacun d'eux suivant son âge, son intelligence, ses tendances et son caractère, faire appel à ses sentiments d'honneur et de famille et le ramener au bien par de bonnes paroles. Enfin, quand le disciplinaire ou détenu est énervé, il faut que le gradé ou surveillant, au nom de l'espérance, qu'il est essentiel de ne pas détruire, sache à propos ne rien voir, ne rien entendre et apporter à la parole grossière, au geste insultant, son inaltérable sang-froid. »

En quoi alors consiste l'épreuve? Où est la garantie que l'homme ainsi traité est vraiment corrigé et peut sans inconvénient être réintégré dans un régiment?

Toutes les dispositions des décrets s'inspirent de cette

mansuétude. Les punitions deviennent anodines; encore
n'en faut-il user qu'à la dernière extrémité. Le chef doit se
faire présenter les hommes punis et écouter leurs réclamations en présence du gradé qui a infligé la punition. L'appa-
reil de sûreté en toile qui remplace les fers n'est employé
que pendant le temps où l'homme furieux pourrait se faire
du mal.

Les centimes de poche retenus dans certains cas aux
punis sont versés sous leur nom à la caisse d'épargne au lieu
de l'être à l'ordinaire comme dans les corps de troupe.

Les caporaux et sous-officiers n'ont pas d'autres droits
que ceux de l'armée métropolitaine; la consigne, la seule
punition qu'ils puisse infliger, est sans sanction. Le règlement spécifie, il est vrai, qu'elle se traduit par la participa-
tion à toutes les corvées. Mais la corvée, quand elle est faite
par plus d'hommes qu'il est nécessaire, devient une occa-
sion de flânerie. D'ailleurs les fortes têtes connaissent depuis
longtemps la grève des bras croisés. Les punis, comme les
détenus, savent opposer une invincible force d'inertie, si le
travail ne doit pas leur profiter ou n'est pas rétribué à leur
gré. Ils lèvent leurs pioches, pelles ou balais, et les laissent
retomber à terre sans un geste ni une parole de protesta-
tion; mais à la fin de la journée ils n'ont pas déplacé une
motte de terre.

Les entrepreneurs de routes et de voies ferrées, tout au
moins dans la province d'Oran, avaient fini par renoncer à la
main-d'œuvre pénitentiaire; elle leur revenait aussi cher
que celle des Marocains et était moins sûre.

L'interdiction d'acheter à la cantine vin, tabac et vivres
supplémentaires, ne constitue pas une punition efficace; les

camarades non punis déjouent la surveillance et font les commissions.

Il ne faut pas non plus se faire trop d'illusions sur la portée des moyens moraux et sur les effets de l'éloquence persuasive que tout Français se flatte de posséder.

Au cours d'une inspection en Tunisie, un général se fait présenter un détenu puni de cellule. Il le prêche, fait l'appel convenu aux bons sentiments, parle bien et s'attendrit lui-même. Satisfait de son éloquence et de la respectueuse attention avec laquelle il est écouté, il lève la punition du pauvre diable. Arrivé à la porte et prêt à disparaître, l'homme se retourne et taille une basane au général ébahi.

Un autre général en visite dans un pénitencier croit aussi devoir entreprendre la conversion des égarés. Il achète les menus objets que fabriquent les détenus, os et noyaux sculptés, racines taillées et chaînes de montre artistement tressées avec des crins de cheval. Il interroge, et y va ensuite de son discours. Comme son cheval et celui de son officier d'ordonnance sont harcelés par les mouches et se tracassent, quelques détenus se munissent de roseaux et s'emploient à calmer les bêtes.

Le général, touché de cette prévenance et de l'attitude déférente de son auditoire, prolonge sa harangue et ne s'en va pas sans complimenter le capitaine sur la bonne tenue et le bon esprit de ses hommes.

A la porte de l'établissement, l'officier d'ordonnance, qui s'est effacé, remarque des vides sur la queue du cheval de son chef ; il se retourne et constate avec stupeur que sa monture présente la même particularité. Retour précipité dans la cour, branle-bas et rassemblement général, fouilles minutieuses des détenus et chasseurs de mouches en particulier, tout est inutile. La perquisition à laquelle tous se prêtent de bonne grâce, avec même une pointe de gaîté, ne fait pas retrouver un crin.

On peut ne pas approuver la bonté qui dégénère en faiblesse; mais on est toujours disposé à l'excuser, si elle émane d'un sentiment vrai et se montre égale en toutes circonstances. Qu'en dire lorsqu'elle est inspirée par l'intérêt personnel?

La même autorité, si indulgente aux mauvais, devient impitoyable pour les bons, dès qu'il s'agit de satisfaire la franc-maçonnerie toute puissante. Elle sabre le commandant de corps d'armée qui essaie de défendre ses subordonnés contre les vengeances de la loge (1). Elle poursuit pour

---

(1) Le général Tournier, commandant le 13e corps, mis en disponibilité en février 1903.

Un certain nombre d'officiers de la garnison de Clermont-Ferrand avaient protesté contre le dépôt sur les tables du cercle militaire d'adresses de félicitations à M. Combes, alors président du Conseil. Le fait fut rapporté au préfet qui demanda au général des punitions sévères, non-activités, déplacements, réprimandes, pour les officiers protestataires et le directeur du cercle; le général ne crut pas devoir déférer à cette demande. Sur une nouvelle intervention du préfet, il prescrivit une enquête de laquelle il ressortit que six officiers, dont un chef de bataillon, meneur du groupe, renseignaient la loge et par elle le préfet, sur ce qui se passait au cercle et dans les réunions d'officiers. Il rendit compte de cette enquête au ministre, lui fit connaître les mesures qu'il avait prises et insista pour qu'en tout cas le dénonciateur ne fût pas moins puni que celui qui avait le premier protesté.

Le ministre ne partagea pas cette manière de voir; il leva le blâme infligé au premier et déplaça le second qui fut envoyé en Corse. Il infligea en outre un blâme au colonel d'artillerie et au sous-chef d'Etat-major, directeurs du cercle et de la bibliothèque.

Le général Tournier après avoir assuré l'exécution de l'ordre du

vol quatre officiers, sans preuves, simplement dans l'espoir d'arriver à découvrir le fait nouveau, sans lequel il est difficile de rouvrir encore une fois l'affaire Dreyfus (1). Les officiers disgraciés, ou cassés aux gages, parce qu'ils ont voté ou témoigné selon leur conscience, ou sur une simple

---

ministre, demanda à être relevé de ses fonctions et mis dans la disponibilité.

Quelques jours après, une note de l'agence Havas apprenait que le général Tournier nommé à Bayonne n'avait pas accepté d'y aller et était placé dans la disponibilité. C'était donner à entendre que la mesure dont le général était frappé était motivée par son refus de se rendre à Bayonne.

Le ministre eut en outre l'attention d'appeler au commandement du 13e corps le général Girardel, qui, quelque temps auparavant, était à St-Etienne et avait demandé son changement à la suite de dissentiments avec son chef, le général Tournier.

(1) Lieutenant-colonel Rollin — capitaines François et Mareschal — officier d'administration archiviste Dautriche, tous les quatre attachés au service des renseignements en 1900.

Bien que, dans la séance du 24 décembre 1900, la Chambre eut par 357 voix contre 78 exprimé sa résolution de ne pas laisser l'affaire Dreyfus sortir du domaine judiciaire, le ministre de la Guerre prescrivit l'ouverture d'une enquête dite administrative qui, sous prétexte de vérification de comptes, reprit l'affaire et chercha le fait nouveau sur lequel pourrait s'appuyer une demande de revision du procès Dreyfus.

Cette enquête, dirigée par le capitaine Targe, du cabinet du ministre, aboutit en juin 1904 à un ordre d'informer contre les quatre officiers chargés du service des renseignements en 1900. Ils étaient accusés d'avoir détourné une somme importante du fonds de réserve de leur service et d'avoir selon toute probabilité employé cet argent à l'achat du témoignage de Cernuszky qui avait déposé contre Dreyfus lors du procès de Rennes. Cette accusation, outre qu'elle était de nature à fournir le fait nouveau qu'on désirait, était encore une revanche du service de la Sûreté sur les officiers du service des renseignements, qui en dévoilant les agissements de Tomps, avaient provoqué à la Chambre les incidents de la séance du 28 mai 1900. Mais elle était trop faiblement étayée pour affronter les débats devant un conseil de guerre.

Le lieutenant-colonel Rabier, commissaire du Gouvernement, et le capitaine Cassel déclarèrent, tout en concluant à la culpabilité des pré-

dénonciation, sont légion (1). Et les gendarmes, qui ne se laissent pas lapider par les grévistes, contre lesquels ils sont obligés de marcher, sont traduits en conseil de guerre.

Les bons soldats sont des humbles eux aussi. Or, non seulement ils ne participent pas à la faveur dont jouissent les indisciplinés, mais encore ils en pâtissent.

Des dispositions, que la loi de 1905 rendra éxécutoires, élèvent d'une part la limite des condamnations (de 3 à 6 mois) entraînant l'incorporation de droit dans les bataillons d'Afrique, et diminuent d'autre part le temps de passage aux bataillons nécessaire pour la réintégration dans les corps de troupe. (Décrets du 2 novembre 1902.)

C ; mesures ont pour effet d'infester les corps de troupe de mauvais sujets qui ne se corrigent pas au contact des bons ; ils donnent, au contraire, de fâcheux exemples

---

venus, que les faits étaient couverts par l'amnistie de décembre 1900 et opinèrent pour une ordonnance de non-lieu. Les officiers se trouvaient ainsi dans l'impossibilité de se disculper ; ils demandèrent instamment à être jugés. Le général Dessirier fit droit à leur requête, et bien que prévenu par le ministre qu'il engageait gravement sa responsabilité, il donna l'ordre d'informer.

Le procès commença le 25 octobre 1904. Le 7 novembre, au moment où allaient commencer les plaidoiries, le commissaire du Gouvernement déclara qu'il était autorisé à abandonner la poursuite. Les quatre officiers furent immédiatement acquittés.

(1) « Ces jours derniers j'ai fait envoyer dans l'Est un chef de bataillon et quatre capitaines du régiment d'infanterie de Poitiers (125e). Je crois que l'effet produit a été bon. J'ai procédé encore à d'autres exécutions et les curés n'osent plus reparaître. »

Lettre du F∴ général Peigné, commandant le 9e corps, à son très cher frère∴ Vadecard, secrétaire général du Grand-Orient, en date du 25 août 1904.

d'inconduite et d'indiscipline. Dans les grandes villes ils échappent à la surveillance et entraînent leurs camarades à de mauvaises fréquentations. Quand pour les avoir à l'œil le colonel les répartit tous dans un même détachement, ils se groupent, s'aident et s'encouragent au mal. Dans les derniers mois de leur service, alors qu'ils ne sont plus dans le cas d'être envoyés aux compagnies de discipline, ils deviennent insupportables.

D'autres modifications faites au règlement sur le service intérieur en faveur des sujets mauvais ou douteux sont également préjudiciables aux bons soldats. Non seulement toute trace de condamnation, toute indication de passage dans un corps de discipline sont aujourd'hui soigneusement écartées des états de service et du livret; mais même la délivrance du certificat de bonne conduite n'y est plus mentionnée. Ce certificat est une simple feuille de papier de grand format qu'il est facile de détériorer ou d'égarer. Afin que le soldat libéré ne soit pas astreint à le porter sur lui, l'attestation qu'il l'avait obtenu était portée sur son livret. Grâce à la suppression de cette inscription, celui qui n'a pas mérité de certificat se tire d'embarras en disant qu'il l'a perdu.

A tout péché miséricorde. Il faut certainement tendre une main secourable à tout homme tombé, et l'aider s'il cherche vraiment à se relever. L'attestation de repentir, qu'on délivrait autrefois, témoignait du relèvement après la chute et était un gage du retour dans la bonne voie. Avec l'application de la loi Bérenger aux peines disciplinaires, il n'était pas nécessaire d'aller plus loin. Supprimer toute distinction dans le passé militaire des uns et des autres, ramener au moment de la libération bons et mauvais soldats à un même niveau, c'est établir que la façon de se conduire et de servir au régiment est sans importance. Ces mesures vont à l'encontre de la saine et véritable discipline qui, plutôt que de réprimer, doit chercher à prévenir les fautes en encourageant le bien de toutes manières. Il n'est même pas certain qu'elles soient profitables aux mauvais soldats en faveur desquels elles sont prises. Beaucoup d'entre eux, forts de la virginité qui leur est refaite, sont moins disposés à s'observer et à se contraindre (1).

(1) Il semble que dans ces derniers temps on se soit rendu compte du fâcheux effet produit par le souci trop évident de ne s'occuper que des sujets médiocres, et on a décidé de faire aussi quelque chose pour la masse. On l'a gratifiée d'un sous-secrétaire d'état d'une activité en passe de devenir proverbiale. M. Chéron, en sa qualité de député radical-socialiste, a pu demander et obtenir que la viande fût payée à un prix à peu près raisonnable et que le pain fût distribué tous les jours. Son zèle ne s'est pas arrêté là. Mais de toutes les autres améliorations qui donnèrent lieu à de nombreuses et retentissantes circulaires, les unes sont inapplicables faute des ressources et moyens nécessaires, les autres sont depuis longtemps déjà en pratique. Quelques-unes même, celles entre autres qui sont relatives à l'hygiène et aux ordinaires, ont fait l'objet de plusieurs règlements; mais elles n'avaient pas encore eu les honneurs de la publicité, de sorte que pour les jeunes soldats et le public, elles ont tout l'attrait de la nouveauté.

Ces dispositions ne visent du reste que le bien-être matériel du soldat et s'appliquent à tous indistinctement. L'amélioration morale n'est pas l'objet d'une égale sollicitude.

IV

CONSÉQUENCES DE LA CAMPAGNE ANTIMILITA-
RISTE. — DÉCOURAGEMENT DES CADRES ; INDIS-
CIPLINE DE LA TROUPE. — DANGERS QUI S'EN-
SUIVENT ET PROVOQUENT UN SEMBLANT DE
RÉACTION. — DISCIPLINE ET COMMANDEMENT.

L'œuvre d'André ne tarda pas à produire les résultats
que désirait la ligue antimilitariste.

Le commandement sans influence au point de vue de
l'avancement, et dont l'action disciplinaire était sans cesse
entravée par des ingérences politiques, n'eut bientôt plus
ni autorité, ni prestige. Son principal souci fut de se terrer
et d'éviter toute histoire. Les officiers désorientés, sans
confiance dans leurs chefs et se méfiant les uns des
autres, ne cherchèrent plus à faire preuve d'un zèle qui
leur attirait le plus souvent moins d'avantages que de
désagréments. Harcelés par la presse socialo-maçonnique
et par les demandes d'explications qui arrivaient du
ministère pour les plus futiles motifs, ils se désintéressèrent
peu à peu de la discipline et du service. Les ambitieux
s'abouchèrent avec les francs-maçons et les politiciens
qu'ils jugèrent aptes à les pousser. Les autres se tinrent
coi et laissèrent aller.

Quoiqu'on en dise, on ne punit pas par méchanceté, et
très rarement pour le seul plaisir de faire acte d'autorité.
Si les gradés se montrent exigeants, c'est pour se couvrir
vis-à-vis de leurs chefs et dégager leur responsabilité. Ils
savent que dans toute réunion d'hommes la règle est indispensable et que dans une réunion obligatoire, telle qu'est
l'armée, où la faute ne peut pas être réprimée par le renvoi,
la règle doit être imposée par des moyens particuliers,
inutiles ailleurs. Mais après tout, ils ne sont pas plus
royalistes que le roi. Puisque le ministre, le premier inté-
ressé au maintien de la discipline, ne veut pas de la sévérité
comme moyen, on se garde d'y avoir recours. On ferme
les yeux pour ne pas avoir à infliger des punitions qui
suscitent les rancunes et amènent les dénonciations. Tant
pis si la discipline, maintenue tant bien que mal en temps
ordinaire, s'effondre au moment d'une crise.

Le soldat ne fut pas longtemps à se rendre compte du
changement survenu. D'un bout à l'autre de la France, les
réclamations et les dénonciations anonymes affluèrent au
ministère et à la presse antimilitariste. Les cas d'insubordination devinrent fréquents au moment du renvoi des classes,
à la fin des périodes d'instruction et dans les grandes
manœuvres parmi les troupes et les services de l'arrière ;
toutes les fois, enfin, que la surveillance et la répression
deviennent plus difficiles.

Les soldats libérés prirent l'habitude de hurler l'*Internationale* et de conspuer leurs chefs, lorsque s'ébranlaient
les wagons qui les emmenaient. Il fallut faire rétrograder
des trains en marche pour mettre un terme à ces scandales.
Les progrès de l'indiscipline furent si flagrants que les

officiers de réserve étaient stupéfaits de la transformation qui s'opérait dans l'intervalle de leurs convocations.

En 1904, à la fin du ministère André, l'armée nationale, que la Nation avait si chaudement acclamée huit ans auparavant, était en pleine désorganisation. Encore quelques années de ce régime, et elle serait mûre pour l'évolution finale. Déjà ce n'était plus à voix basse qu'on parlait du service d'un an et des milices.

Diverses circonstances survinrent alors, qui effrayèrent et eurent pour conséquence un semblant d'arrêt dans les progrès du mouvement antimilitariste.

Le coup de théâtre que produisit l'apparition de l'empereur d'Allemagne à Tanger, et les évènements qui suivirent, fournirent la preuve que le Droit ne peut pas encore se passer de la Force. Le Souverain Allemand a-t-il cru que nous étions déjà trop bas pour ne pas souscrire à tous ses désirs ? A-t-il pensé que s'il n'y avait plus d'armée française, il aurait de la peine à maintenir la puissance de la sienne ? Quoiqu'il en soit, il nous a prévenus du sort qui nous attendait si nous achevions la démolition de notre armée.

En même temps que la menace de l'étranger, des faits d'ordre intérieur impressionnèrent vivement l'opinion, causèrent même une sorte de panique. Les actes d'insubordination collectifs qui se produisirent notamment au 9ᵉ corps (1), pendant les manœuvres du 2ᵉ et au 100ᵉ à Nar-

---

(1) A Poitiers, où les exécutions entre les officiers étaient fréquentes, les soldats se croyaient tout permis. Sous n'importe quel prétexte ils quittaient la caserne en bandes et réclamaient par lettre collective directement au général Peigné, commandant le corps d'armée.

Le 29 avril 1904, cinquante soldats et caporaux de la compagnie de

bonne, la folle équipée du 17e et les salves affolées du 139e (1), la tournure menaçante que prirent les grèves et l'agitation viticole du Midi démontrèrent que le temps des milices n'était pas encore arrivé.

D'autre part, les jalousies et les convoitises qui avaient donné naissance à la ligue antimilitariste étaient en grande

---

garde à la prison de Thouars tirèrent une bordée à la suite d'un exercice qu'ils avaient jugé trop long ; ils furent ramenés le lendemain par la gendarmerie. Cette fois, le directeur de la prison, le maire et le haut commandement s'émeuvent ; il faut sévir, et d'autant plus durement qu'on a plus attendu. L'affaire se termine par la cassation de quatre caporaux, l'envoi de quatre soldats aux compagnies de discipline, des punitions de prison, la cassation de tous les soldats de 1re classe et la privation pour tous de toute permission jusqu'à la libération de la classe.

(1) A Narbonne, les soldats consignés à la caserne grimpent sur les murs pour acclamer les manifestants qui passent à portée et conspuent les sous-officiers qui tentent de les faire descendre. Le régiment est déplacé et envoyé au camp de Larzac.

Le 17 juin 1907, en raison de l'agitation qui ne cesse de s'accroître à Béziers, les deux bataillons du 17e sont dirigés sur Agde, où le 3e bataillon du régiment tient garnison. Deux jours après ils apprennent les évènements de Narbonne, les arrestations faites dans la nuit du 18 au 19, les charges des cuirassiers, les salves meurtrières, sans sommations préalables, du 139e de garde à la mairie. Déjà fortement travaillé, affolé par les bruits qui lui arrivent dénaturés et grossis, et grisé par les acclamations de la foule où il trouve parents et amis, le régiment se mutine. Les meneurs pillent le magasin aux munitions, distribuent des cartouches et entraînent les hésitants. Dans la soirée, les bataillons, moins une compagnie retenue par ses sous-officiers, prennent la route de Béziers, où ils arrivent, musique en tête et la crosse en l'air, le lendemain matin.

Pour juger les regrettables évènements dont Agde et Narbonne ont été le théâtre, il convient sans doute de tenir compte de l'extrême agitation qui secouait alors tout le bas Languedoc. Mais l'effervescence des populations n'a fait que déterminer l'éclosion du mal qui existait, qui provenait du relâchement de la discipline et de la faiblesse du commandement et qui devait éclater tôt ou tard, là ou ailleurs, à la première crise.

4

partie satisfaites. Dès 1906, aussitôt après que la Cour de cassation eut cassé sans renvoi le jugement du conseil de guerre de Rennes, les Juifs obtenaient pour Dreyfus et ses amis au delà de ce qu'ils avaient pu rêver.

Les politiciens disposaient de l'armée ainsi qu'ils le désiraient, et les francs-maçons digéraient les congréganistes et les curés dont ils étaient gorgés. Aussi, même parmi ceux qui avaient mené avec le plus d'acharnement la campagne contre l'armée nationale, beaucoup estimaient suffisants les résultats obtenus.

Quant aux professionnels de l'antimilitarisme qui ne craignent pas plus la guerre étrangère que la guerre civile, ils ne désarmaient pas ; mais ils avaient la sagesse de patienter pour ne pas risquer de compromettre par trop d'exigences les avantages acquis.

Le Gouvernement eut ainsi toute liberté d'action pour enrayer les progrès de l'indiscipline. Stimulé par la crainte de la guerre et des grèves, il fit des exemples, frappa durement le 17ᵉ, atténua ce qu'avait de dangereux le recrutement local et remit à plus tard la suppression des conseils de guerre. Mais au fond il chercha moins à conjurer le mal qu'à le dissimuler. On se plut à exalter le courage dont nos soldats faisaient preuve au Maroc, et l'attitude des troupes pendant les dernières manœuvres. On voulut y trouver la preuve que notre puissance militaire n'avait pas décliné, et on le proclama bien haut, comme on chante la nuit quand on n'est pas rassuré.

Certes tous les éléments du corps expéditionnaire du Maroc ont rivalisé de bravoure et d'entrain. Mais il convient d'observer qu'ils appartiennent presque tous à des troupes spéciales et de métier, et que ces troupes, comme celles de l'Est, vivent dans une ambiance particulière qui entretient leur esprit militaire. Peut-on d'ailleurs affirmer qu'elles ont en toutes circonstances, au début surtout, fait preuve de la discipline et de la soumission aux ordres, indispensables vis-à-vis d'adversaires européens ?

Les tristes scènes qui avaient fâcheusement marqué les manœuvres de 1903 à 1906 ne se sont pas renouvelées en 1907 et 1908. Il y a lieu de s'en réjouir, mais sans trop se faire d'illusions. Il est difficile en temps ordinaire d'apprécier si la discipline et le moral d'une troupe sont réellement solides et capables de résister aux épreuves, ou s'ils ne sont qu'une apparence due à des précautions passagères et à l'indulgence de gens intéressés à tout trouver bien. En tous cas le nombre des insoumis et déserteurs qui a plus que doublé dans ces dernières années, la présence d'officiers et de soldats en tenue dans des réunions politiques antimilitaristes, ne témoignent pas en faveur du rétablissement de la discipline.

Il est reconnu qu'il n'y a pas d'armée sans discipline.

En temps de paix la discipline peut n'être qu'apparente. Pour peu que le ministre le désire, l'observation des règlements, la tenue, l'instruction professionnelle du soldat, sont toujours assurées. Mais en temps de guerre elle doit être réelle et assez solide pour résister aux dangers, aux fatigues et au manque des moyens de répression habituels. Elle ne saurait être remplacée par l'enthousiasme qui, en face des difficultés, s'éteint aussi vite qu'il s'est allumé.

Autrefois, lorsque cadres et soldats passaient ensemble de longues années sous le même drapeau, la discipline arrivait à s'établir par une sorte de commun accord; elle devenait une routine, une habitude. Il ne peut plus en être ainsi avec le service à court terme.

Dans certains pays, la Suisse, l'Allemagne, le Japon, l'éducation familiale et scolaire y prépare en développant le sentiment national et le culte de la patrie, du drapeau et de l'honneur militaire. Cette ressource manque en France, où les sentiments d'abnégation, de sacrifice et d'idéal, tendent de plus en plus à disparaître, sinon dans le discours, au moins dans le fait, pour faire place à une émolliente sensiblerie.

Il est donc nécessaire d'amener le jeune soldat pendant son court passage au régiment, où il arrive souvent hostile, à accepter la discipline, c'est-à-dire à s'y soumettre volontairement. A l'élite qui réfléchit, on fait comprendre qu'elle est indispensable; à la masse qui en saisit moins la portée, on s'efforce de la rendre aimable. C'est très bien; mais à la condition de ne pas dépasser la mesure et de ne pas trop affaiblir le commandement. Certes les officiers doivent s'occuper de leurs hommes, les connaître, les traiter avec justice et douceur, afin de gagner leur confiance et d'en être écoutés en toutes circonstances. Mais ils n'obtiendront le résultat cherché qu'à la condition de garder assez de prestige pour que leur bienveillance ne puisse pas être prise pour de la faiblesse ou de l'impuissance. Or, si les démocraties subissent comme une nécessité la popularité du commandement et son action sur la troupe, elles craignent l'ascendant qu'il peut prendre et sont amenées à le diminuer, à l'abaisser, à le déconsidérer même. Elles démolissent d'un côté ce qu'elles édifient de l'autre.

Toutes les mesures qui ont pour conséquence l'affaiblissement du commandement sont autant de primes offertes à l'indiscipline.

La substitution discrètement accomplie du recrutement local au recrutement régional est sans doute un acheminement vers les milices (1) ; mais c'est aussi la destruction de l'esprit de corps et de la confiance de la troupe dans ses chefs.

Les soldats qui restent chez eux, dans leur milieu habituel, se sentent soutenus et n'ont pas besoin, comme lorsqu'ils sont dépaysés, de s'attacher à leur régiment et à leurs officiers. D'autre part, les gradés sont diminués par toutes les influences locales auxquelles ils sont soumis. Surveillés et apeurés, ils ont pour principal souci d'éviter qu'on parle d'eux et ferment les yeux pour ne pas voir la faute qu'il faudrait réprimer.

C'est aussi une tendance fâcheuse que celle qui pousse l'officier à sortir de son rôle d'instructeur militaire et à prendre celui d'éducateur civique et social. Adjoindre un enseignement qui peut être donné partout ailleurs à l'instruction technique qui s'acquiert au régiment, c'est diminuer l'importance de celle-ci ; c'est aussi laisser supposer au soldat qu'on est embarrassé pour l'occuper pendant les deux ans de service qu'on exige de lui. Comment, en outre,

---

(1) A partir de 1903, les circulaires de répartition du contingent remplacèrent sans bruit le recrutement régional par le recrutement local. En 1907, les mutineries du 100e à Narbonne et du 17e à Agde, au milieu des populations soulevées, firent sentir le danger d'incorporer les soldats chez eux et revenir en partie à l'ancien mode de répartition.

éviter que ces leçons sociales ne se teintent de politique? Il faudrait un règlement pour accorder, au moins dans une certaine mesure, l'enseignement de l'adjudant progressiste, du lieutenant radical et du capitaine socialiste. Autrement le soldat relèvera des contradictions et doutera. Si le gradé fait douter de lui dans sa chaire de pédagogue, il ne sera plus, sur le terrain de manœuvres, l'oracle infaillible auquel le soldat a besoin de croire.

L'éducation familiale, l'enseignement scolaire, les mœurs et la tradition peuvent inculquer le culte de la Patrie et de l'Honneur, l'amour de la Justice et de la Liberté, au point d'exalter les dévouements et d'enflammer les courages ; mais ce n'est point suffisant. Les masses ne se laissent pas longtemps entraîner par l'Idée seule. Dès qu'elles sont aux prises avec le danger, elles éprouvent le besoin de la matérialiser et d'en faire une réalité qu'elles puissent voir, suivre et acclamer. C'est l'instinct de la conservation qui les pousse à personnifier leurs aspirations et à coordonner leurs efforts. Sous peine d'être stériles, le sacrifice et l'héroïsme ne peuvent se passer d'une direction et doivent avoir en elle une foi absolue.

Les soldats animés du plus ardent patriotisme et soutenus par la conviction de leur droit sont voués à l'impuissance, s'ils n'ont pas une entière confiance dans leurs chefs. S'ils en doutent, ils raisonnent et critiquent. Dès lors, ils marchent sans entrain et supportent mal les épreuves imposées par des conceptions qui leur semblent discutables. L'héroïsme des Gaulois n'a pas tenu devant la confiance aveugle des légions romaines dans leur général.

Dans l'intérêt de l'armée, et par conséquent de la République, les officiers ne doivent pas donner prise à la critique de leurs soldats. Il est préférable qu'ils s'en tiennent à leur mission militaire et ne se risquent pas dans une autre pour laquelle ils ne sont pas préparés. Ils n'ont pas trop de temps d'ailleurs, s'ils veulent bien dresser les hommes qui leur sont confiés et s'instruire eux-mêmes, afin d'être toujours à hauteur de leurs devoirs professionnels. Il est à remarquer que les officiers qui se distinguent comme éducateurs civiques ne brillent ni aux exercices, ni aux manœuvres, et s'en éloignent le plus qu'ils peuvent.

On pousse en ce moment à l'instruction militaire en dehors du régiment et à l'éducation civique et sociale à la caserne. Ce n'est nullement de l'incohérence, comme on pourrait le croire; c'est un des articles du programme qui, par des chemins détournés, mène à la suppression de l'armée.

L'affaiblissement du commandement résulte encore de la guerre faite en ces derniers temps aux traditions, à l'esprit de corps et à la solidarité, qui font la force et le prestige de la famille militaire (1). L'officier dépaysé dans

---

(1) Dans ces dernières années, les élèves officiers de Saint-Maixent étaient tellement fanatisés qu'ils sortaient de l'école comme des bêtes féroces, disaient-ils, prêtes à tout dévorer. Convaincus qu'ils étaient appelés à régénérer l'armée, ils se posaient, dans les corps où ils arrivaient, en réformateurs intransigeants. Dans certains bataillons de chasseurs et régiments d'Algérie, où l'esprit de corps et la tradition sont plus particulièrement vivaces, il se passa des scènes fâcheuses.

Comme les nouveaux venus trouvent une protection assurée au ministère, où celui qui les a dressés est souverain, les anciens doivent se taire. La table commune, où l'on mange sans mot dire, le nez dans son assiette, et le cercle où l'on est mouchardé, deviennent odieux et sont désertés. C'est la fin de la camaraderie, de la solidarité et de l'esprit de corps. On arrive ainsi à isoler l'officier et à amener les ambitieux et les faibles à la politique et à la franc-maçonnerie.

sa garnison, sans confiance dans ses chefs et ses camarades, se sent isolé et faible. Il se rend compte que sa dignité diminue avec son autorité ; il s'efface et tend à se confiner dans un déprimant égoïsme. Comme pourtant il redoute son isolement et sa faiblesse, il va chercher dans la loge un encouragement et un appui ; mais il y trouve surtout la négation des traditions et des vertus militaires.

Il sacrifie la Patrie sur l'autel d'un vague humanitarisme et, en aliénant sa liberté, il perd le caractère et le sentiment de la responsabilité que tout chef doit posséder. Lorsqu'une difficulté se présente, il n'est plus capable ni de vigueur, ni de commandement. C'est à ceux qui ont poussé l'officier à la franc-maçonnerie que doit remonter la responsabilité des salves meurtrières de Narbonne et des mutineries d'Agde (1).

---

(1) « Les règles de la discipline s'opposent à ce qu'un militaire entre, sous aucun prétexte, dans une association ayant un caractère politique ou religieux. Il ne peut, quel que soit son grade, faire partie d'une autre société quelconque sans l'autorisation expresse du ministre de la Guerre.

« Ainsi que le rappelait le maréchal Soult en 1844, un militaire ne doit contracter d'autre engagement que le lien qui le rattache au service, connaître d'autre commandement que celui de ses chefs, d'autre guide que son drapeau. »

Circulaire ministérielle du 27 mai 1895

Cette circulaire n'a jamais été abrogée, afin de pouvoir être utilisée si des militaires venaient à entrer dans une association antimaçonnique ; mais il y a été fait une exception en faveur de la franc-maçonnerie qui pourtant s'occupe avant tout de religion et de politique. Discrète d'abord, la tolérance a été à peu près officiellement reconnue à la suite de la note du 16 décembre 1904, que complète une circulaire du 15 novembre de la même année, relative aux sociétés et associations dont les officiers et militaires de tous grades peuvent faire partie.

Cette note explique que la circulaire précitée du 15 novembre a eu pour but, « non de supprimer des autorisations ou tolérances consenties

Obligé de prendre des mesures pour restaurer la disci
pline, le Gouvernement pensa que la répression serait
suffisante et ne crut pas devoir en même temps fortifier le
commandement. Il semble, au contraire, avoir pris à tâche
de chercher, comme correctif à sa rigueur envers la troupe,
un nouvel abaissement de l'autorité militaire.

Au début de la campagne on la ménageait, au moins
pour la forme. On faisait appel à son abnégation et à son
patriotisme ; on l'engageait à se résigner et à tout accepter
pour rendre le calme au pays. Chaque nouveau coup devait
d'ailleurs, être le dernier.

---

depuis plus d'un siècle, mais purement et simplement de faciliter pour
les militaires de tous grades l'entrée dans les sociétés de mutualité. »

A la suite de cette note et d'une conversation avec M. Berteaux,
ministre de la Guerre, M. Laferre, président du conseil de l'Ordre du
Grand-Orient de France, a été autorisé à conclure et à déclarer que :
« la circulaire du 15 novembre était extensive et non restrictive et ne
touchait en rien aux autorisations et tolérances séculaires dont jouissent
les associations philosophiques et humanitaires, et *en particulier la
franc-maçonnerie.* »

Cette déclaration, publiée à la suite d'un discours prononcé par M. Berteaux, le 17 décembre 1904, n'a pas été démentie. M. Berteaux et
les ministres après lui n'ont pas dit qu'ils autorisaient les militaires à
faire partie de la franc-maçonnerie, mais ils laissent dire qu'ils l'autorisent. On aimerait un peu plus de franchise. On ne s'explique pas que
les militaires, qui sans doute pensent bien faire en s'affiliant à la franc-
maçonnerie, n'agissent pas ouvertement. La qualité de maçon étant
aujourd'hui un titre à l'avancement et aux faveurs devrait figurer sur
l'annuaire comme celle de breveté.

Plusieurs fois par an, le *Bulletin militaire officiel* publie des pages
entières de décisions ministérielles qui autorisent les officiers à faire
partie de sociétés et associations scientifiques, littéraires, philanthro-
piques, gastronomiques ou sportives. Même pour faire partie d'une
réunion d'anciens élèves du même lycée, il faut la permission du
ministre. Seule la Franc-Maçonnerie, société internationale qui reçoit
ses instructions on ne sait d'où et qui lie ses adeptes par un serment,
échappe à la loi commune. Pourquoi ?

Actuellement, on ne prend plus la peine de recourir à ces ménagements. On brime et on diminue le commandement de parti pris, sinon par plaisir, au moins pour bien établir qu'il n'y a plus à compter avec lui.

Sans doute, lorsque l'armée sauve une situation compromise, comme à Casablanca, à Lens ou à Draveil, on la couvre de fleurs, on lui vote des remerciements et on se montre prodigue de récompenses. Mais les discours sont démentis par les actes, et les distinctions décernées aux individualités dissimulent aux yeux du public les atteintes portées à l'institution.

Comment expliquer, autrement que par le désir de bafouer et de diminuer le commandement, le choix du général Picquart comme ministre de la Guerre et l'invitation impérative faite à des généraux en mission de revenir à Paris pour figurer dans l'apothéose de M. Zola. La désignation d'un colonel du Gouvernement de Paris (1) pour aller enquêter dans un corps d'armée du Midi, l'attribution de la croix d'officier de la Légion d'Honneur à M. Tomps (2), chevalier depuis 1903, procèdent du même esprit.

---

(1) Colonel Gérard, commandant le 104e du 4e corps en garnison à Paris, envoyé à Narbonne dans le 16e corps pour procéder à une enquête sur des actes de mutinerie qu'avaient commis les soldats du 100e.

(2) Tomps, ancien agent de la Sûreté, commissaire central à Orléans, fut décoré en 1903. Ses missions à Madrid et à Nice (janvier et mai 1900), eurent surtout pour objet la recherche d'un témoignage contre les officiers du bureau des renseignements.

La publication de ses lettres à Mathilde Baumler ne laissa aucun doute sur le but de ses démarches et provoqua les incidents de la séance du 28 mai 1900, à la suite desquels le général de Galliffet quitta le ministère.

Nommé directeur de la Sûreté publique à Monaco, il y resta jusqu'au

C'est aussi dans ce sens qu'est conçu le nouveau décret qui règle les honneurs à rendre aux autorités militaires.

Les circonstances difficiles exigent souvent des dévouements, des sacrifices que l'argent ne saurait payer. En inspirant au chef une haute idée de ses fonctions et de ses devoirs, on exalte son amour-propre, on trempe son caractère, on lui donne l'assurance qui aux moments de crise le soutiendra et lui permettra de commander. D'autre part, le soldat est d'autant plus disposé à accepter la discipline que celui qui est chargé de l'imposer lui paraît entouré d'un plus grand prestige.

Ce sont ces considérations qui ont guidé les auteurs du décret du 24 Messidor de l'an XII, relatif aux honneurs et préséances, et dont jusqu'à présent tous les gouvernements ont accepté et suivi les dispositions.

Le décret du 16 juin 1907 dérive d'autres principes. Il réduit autant que possible les honneurs attribués jusqu'ici à l'autorité militaire sous prétexte d'obligations de service, de simplicité républicaine et de mieux affirmer la prééminence du pouvoir civil (1).

---

commencement de cette année 1909. A son départ il fut fait officier de la Légion d'Honneur (17 février 1909) sur la proposition du ministère des Affaires étrangères, auquel le ministère de la Guerre céda une croix.

Ses parrains en 1903 et en 1909 furent deux officiers, encore en activité, très en vue et célèbres entre tous par leur ardeur à soutenir la cause du dreyfusisme.

(1) Le paragraphe IV de l'exposé des motifs de ce décret, dit :

« La simplification des honneurs militaires consistant dans des déploiements de troupes m'a paru plus nécessaire que jamais au lendemain de la promulgation de la loi de deux ans et de la réduction des effectifs en raison de la nécessité de rendre plus intensive qu'auparavant l'instruction des hommes dans l'intérêt de la défense nationale. Le

L'article 21 en dévoile l'esprit. Il fait trotter le général de division, commandant le territoire, ou à son défaut le plus ancien officier général, à la portière du landau présidentiel.

Pourquoi, si ce n'est pas pour le ravaler, faire figurer dans un rôle d'écuyer et exposer aux regards et aux commentaires narquois de la foule, un vieux général blanchi sous le harnais, que son âge, ses campagnes, ses blessures peut-être, et un accoutrement de parade ne disposent pas à caracoler ? Ce n'est pas, en tous cas, rehausser le prestige du président de la République que de déconsidérer dans ses généraux l'armée dont il est chef.

Qu'un spécialiste en démolitions déteste l'armée, force

------

régime républicain n'aura rien perdu de sa dignité lorsque les prises d'armes en usage auront été ramenées à de plus simples proportions. Au surplus, l'armée ne doit plus aujourd'hui s'écarter de son rôle patriotique pour servir d'instrument de parade ». Clémenceau, ministre de l'Intérieur, président du Conseil.

C'est parfait ; mais cette simplification que réclament les obligations du service et la simplicité républicaine, n'a, paraît-il, de vertu que s'il s'agit de l'autorité militaire. Les troupes de la garnison ne prennent plus les armes quand le commandant de corps d'armée entre pour la première fois dans le chef-lieu de son commandement. Il n'en résultait pourtant qu'une seule prise d'armes tous les trois ans au maximum, et seulement pour les garnisons des vingt chefs-lieux de commandement de corps d'armée. Les visites présidentielles et ministérielles sont autrement fréquentes ; pour celles-là rien n'a été retranché de l'ancien cérémonial. Au contraire, les sous-secrétaires d'État ont droit aujourd'hui aux mêmes honneurs que les ministres.

Dernièrement, un escadron a fait deux étapes, soit un déplacement de cinq jours, pour aller faire l'escorte réglementaire à une Excellence en tournée dans une ville de l'Est, dépourvue de cavalerie.

Aux chefs-lieux qui ne possèdent pas de musique militaire, il en est envoyé de la garnison voisine pour jouer pendant les dîners et les réceptions de la Préfecture.

conservatrice, et qu'il profite de son avènement au pouvoir pour piétiner son ennemie terrassée, c'est dans l'ordre. Qu'il y éprouve d'autant plus de plaisir qu'il a couvé sa haine pendant près de quarante ans, et qu'en outre il est exaspéré de ne pouvoir se passer des services de sa victime, ce n'est pas non plus pour surprendre. Mais il est triste de constater le peu d'intérêt que depuis quelque temps les représentants de la Nation attachent aux besoins moraux de l'armée. Ils s'imaginent faire assez en assurant sa vie matérielle et en lui votant au besoin des remerciements ; et ils n'ont cure, ni des humiliations qui la dépriment, ni de la détresse morale où elle risque de sombrer.

V

DANGERS DE L'IMMIXTION DE LA POLITIQUE DANS L'ARMEE. — GRIEFS FORMULÉS CONTRE L'ARMÉE NATIONALE. — REVENDICATIONS ET DROITS DE L'ARMÉE.

Les armées de la 1ʳ République faisaient au début une large part à la politique (1). Comme elles étaient toujours en guerre, et qu'alors les guerres duraient, elles eurent le temps d'en reconnaître les inconvénients et de trouver les moyens de s'en préserver. En face de l'ennemi l'instinct de la conservation s'affirma et parla plus haut que la passion de parti. Le mérite et la valeur s'imposèrent.

Il n'en est pas de même en temps de paix. L'aptitude au

---

(1) « Dans ce temps (1793) Saint-Just et Lebas, commissaires extraordinaires de la Convention, établirent au quartier général un tribunal qu'ils appelèrent révolutionnaire, mais qui était tel qu'aucun nom ne pourrait le caractériser. Le dénonciateur n'était ni connu, ni confronté; on n'y souffrait point de défenseurs, point d'écritures, pas même pour libeller le jugement, point d'instruction; un simple interrogatoire, dont on ne prenait pas note. Le prévenu arrêté à 8 heures, était jugé à 9, fusillé à 10. — On envoyait des agents à tous les corps pour engager les soldats à dénoncer leurs chefs; ces invitations ne produisant pas d'effet, on promit des récompenses pécuniaires aux délateurs qu'on cherchait avec l'assurance de tenir toujours leurs noms cachés. »(chap. 8)

« Par cette mesure (le renvoi des nobles des armées) on vit bientôt

commandement éprouve plus de difficultés à faire ses preuves, et le danger est trop loin pour que les compétitions personnelles se sacrifient au bien commun. Les ardents, qui n'ont pas la ressource de se signaler par une action d'éclat, demandent à la politique de les distinguer.

Au lieu de progresser lentement et sûrement, l'armée se désorganise à vouloir évolutionner trop vite pour suivre l'impulsion des ambitions avides de se mettre en relief. Elle cesse d'être une, homogène, toute à ses devoirs professionnels; elle se divise parce que tous ses éléments n'arrivent pas à comprendre et à suivre également vite les indications de la politique.

A cette situation la guerre ne peut plus être un remède comme autrefois. La rapidité foudroyante avec laquelle elle procède aujourd'hui ne laisse plus le temps de se reconnaître et de remettre choses et gens à leur place. La complication de ses moyens ne permet pas davantage aux génies civils de s'improviser stratèges et tacticiens.

Il est bien entendu que le parti au pouvoir, qui s'est

---

une désorganisation nouvelle que vint accroître le mode de remplacement et d'avancement des officiers, qui peupla les armées d'officiers dont l'âge et l'incapacité la plus évidente ont le plus contribué à nos revers. On peut dire que si ce système eût duré quelques semaines de plus, il assurait aux ennemis la conquête de la France. — On pourrait en dire autant de cette frénésie qui la porta (la Convention) à faire mourir tant de généraux, à la plupart desquels on n'avait rien à reprocher, ce qui fit que les hommes qui avaient quelques moyens s'éloignaient avec obstination de toute espèce de commandement. (Conclusion). Voir à ce propos au Chap. 6 les nominations des généraux en chefs Meunier et Carlin.

Mémoires sur les campagnes des armées du Rhin. — 1er vol. — Gouvion-Saint-Cyr.

approprié l'armée et tient à en conserver la jouissance, la trouve au point dès qu'il l'a faite à son image. Il prétend dès lors la soustraire au dissolvant politique et ne plus tenir compte que de la valeur et des titres professionnels. Mais il n'est plus maître d'agir à son gré. Né de la politique et en vivant, il doit, qu'il le veuille ou non, céder à ses exigences et se conformer à ses indications.

Le pouvoir d'ailleurs peut changer de mains. Les nouveaux venus qui le prendront se prévaudront de l'exemple pour satisfaire à leur tour leurs amis et se faire des partisans.

C'est pour éviter ce danger que la République tint longtemps son armée en dehors de la politique et lui reconnut un statut et des garanties en échange des droits civiques dont elle la privait. Si aujourd'hui on juge utile de lui enlever ces garanties et d'en faire un instrument de parti, il est de toute justice de lui rendre la capacité électorale dont jouissent les autres citoyens.

En venir à la Nation armée, c'est-à-dire assimiler l'armée à la Nation en lui conférant les mêmes droits, ou, en raison de son rôle spécial, en faire une institution à part, en dehors de l'agitation des partis, c'est un dilemme dont il paraît difficile de sortir.

On ne peut pas en effet imaginer une armée employée à toutes les besognes et livrée sans défense à la merci de ministres soumis à toutes les fluctuations de la politique. Ce serait un corps sans âme et sans vie, mûr pour tous les effondrements.

En Annam, les lettrés voulaient aussi la paix à tout prix, et comme ils n'étaient menacés d'aucun dangereux voisinage, ils s'étaient appliqués depuis Gia-long (1) à démilitariser le peuple, dont ils redoutaient l'humeur batailleuse. La prééminence du pouvoir civil, aussi bien sur les questions militaires que sur les autres, était absolue. La force des armes était déconsidérée et méprisée. Les soldats employés au recouvrement de l'impôt, ou comme coolies dans les forêts, dans les mines et au service de la Cour, n'étaient exercés qu'à quelques mouvements de parade. Les mandarins militaires, tenus à l'écart et comptés pour rien, ne devaient leur avancement qu'à la servilité dont ils faisaient preuve vis-à-vis des mandarins civils. Quand la force brutale venue d'Occident envahit l'empire, ils ne surent tirer parti ni de leurs soldats, ni de leurs armes. Les lettrés prirent la direction des opérations; mais comme ils n'étaient nullement préparés à ce rôle, ils dépensèrent leur activité et leur énergie en vains discours et en stratagèmes chimériques, qui n'eurent d'autre effet que de ruiner leur pays.

« Nous aurions pu alors sauver le royaume, dit le rapport de Dinh-Cong-Trang (2); c'était aussi facile que de rouler un arbre bien rond. Mais le général Tran-Xuan-Soan

---

(1) Empereur d'Annam 1787-1820.

(2) Dinh-Cong-Trang, célèbre chef de partisans, avait fait et appris la guerre avec les Pavillons noirs. Quand le Tonkin fut pacifié, il passa en Annam, organisa le soulèvement des provinces de Than-Hoa et de Ngé-An et tint plusieurs mois nos troupes en échec. Mais mal secondé, il finit par être surpris et tué dans une affaire de nuit conduite par le capitaine Coste et le lieutenant de Fitz-James, des tirailleurs annamites. Le curieux rapport dans lequel il rendait compte à l'Empereur de ses opérations et de la situation du pays a été publié par la *Revue du Cercle Militaire en 1890.*

ne connaît rien. Il passe son temps à écouter les lettrés et d'anciens mandarins. Au lieu d'amener ses soldats pour battre l'ennemi, il envoie des écrits et des papiers remplis de sottises ». — (*Une année de guerre en Annam*, p. 16).

L'affaire Dreyfus a préparé et lancé la campagne contre l'armée nationale; mais elle ne suffisait pas pour la faire aboutir. Il fallut d'autres motifs; on reprit les vieux arguments qui avaient déjà servi contre l'armée de métier.

Le meilleur, celui que fournissait autrefois l'inégalité devant l'impôt du sang, ne pouvait plus être invoqué, puisque en cas de guerre tout le monde marche. Il fut remplacé par un autre tiré de l'inégalité du temps de service, qui est loin d'être aussi juste. Outré comme il l'a été par la loi de 1905, le principe de l'égalité absolue de la durée du service aboutira prochainement au service d'un an; car lorsqu'on aura reconnu que la suppression de toute espèce de dispenses est aussi injuste qu'absurde, on ne pourra plus revenir en arrière; il faudra aligner tout le monde à un an ou admettre la substitution (1).

On ne pouvait pas reprocher à l'armée reconstituée

---

(1) La suppression de toute espèce de dispenses peut convenir à la majorité des électeurs; mais elle est injuste parce qu'elle allège la charge de ceux qui peuvent le plus aisément la supporter et qu'elle augmente beaucoup celle que des circonstances spéciales rendent déjà très lourde.

La substitution tient compte des intérêts de chacun; elle est plus juste, plus vraiment égalitaire que l'obligation imposée à tous de faire le même temps de service, — aussi bien au jeune homme qui a payé pour rester 8 à 10 ans de sa vie enfermé dans une école qu'au vagabond réfractaire au travail, sans ressources, ni moyens d'existence, — aussi bien au fils unique de la veuve laissée par le décès de son mari à la tête d'une petite exploitation, qu'au paresseux dont les parents, qui ont d'ailleurs

après 1870 son oisiveté, puisqu'on la voyait à l'œuvre ; ni son immoralité, puisqu'en étant la réunion momentanée de tous les citoyens du même âge, elle cessait d'avoir une mentalité et une vie spéciales.

Il ne restait plus qu'à l'accuser d'être cléricale, soumise aux Jésuites, et de préparer des coups d'État (1).

L'accusation de cléricalisme court les rues et est devenue banale ; mais elle a l'avantage d'être d'un emploi facile, à la

---

d'autres enfants, attendent avec impatience le départ pour le régiment.

Inacceptable en temps de guerre, le principe de la substitution peut sans inconvénient être admis en temps de paix. Son interdiction est une atteinte à la liberté et un dommage causé surtout aux déshérités. Un an de plus passé au régiment procurerait au malheureux la petite avance qui lui est indispensable pour s'établir et vivre libre, alors que sans elle il sera obligé à sa libération de se remettre en condition, peut-être pour le reste de sa vie. Est-il juste et démocratique, lorsque les besoins de l'État sont assurés, de refuser au pauvre le moyen de s'affranchir ? N'est-il pas fondé à dire qu'en le lui refusant la loi a eu pour but d'obtenir des engagements militaires à bon marché et de ne pas faire hausser le salaire de la main-d'œuvre nécessaire aux riches ?

Le général Kessler, dans ses ouvrages, *la Patrie menacée*, chapitre IV, et *la Guerre*, chapitre VIII, expose nettement la nécessité de la substitution et indique comment elle peut être établie.

(1) C'était elle (la Congrégation), qui disposait en « souveraine de l'avancement de nos officiers. Il fallait pour lui plaire être bien noté par l'aumônier du régiment. Il fallait que les officiers s'astreignissent à suivre le général ou le colonel aux offices religieux. »

Discours de M. Combes, président du Conseil, à la séance de la Chambre, le 14 janvier 1905.

« Mais nous nous sommes aperçus un beau jour que sous des ministres soi-disant républicains, elle (l'armée) avait cessé, de par ses états-majors, d'être l'armée de la France pour devenir l'armée du Gésu. Nous étions à la veille d'un coup d'état comme le 1er décembre 1851, comme à l'agonie du 16 mai. » Discours de M. Pelletan, ministre de la Marine, au banquet offert le 17 décembre 1904 par le comité exécutif du parti radical-socialiste de France, à M. Berteaux qui venait d'être nommé ministre de la Guerre.

portée de toutes les intelligences et d'être irréfutable ;
puisqu'elle ne s'appuie sur rien, tant que la liberté de
conscience reste autorisée.

Celle de préparer des coups d'État est plus sérieuse,
parce qu'en évoquant un fait elle semble plus précise. En
réalité elle est tout aussi inepte et ne peut impressionner
que ceux qui n'ont pas le temps de réfléchir.

Jamais l'armée n'a fait et n'a eu l'idée de faire des coups
d'État. Dans les temps troublés elle est parfois appelée à
intervenir ; mais elle ne peut que se conformer aux ordres
de l'autorité que la politique a mise à sa tête ; elle n'est que
l'instrument des partis qui cherchent en elle l'appui dont
ils ont besoin, quand celui des foules leur manque.

Tant que la Convention dispose des Sections qui, le
10 août, lui ont donné le pouvoir, elle ne veut pas de soldats
à Paris. Mais elle s'empresse d'en faire venir, dès qu'elle
n'est plus sûre des Sections, et le 13 Vendémiaire c'est elle
qui demande à la troupe d'agir.

Brumaire est la contre-partie de Fructidor, et Sieyès ne
fait qu'imiter Lareveillère-Lépeaux. Le ministère de la
Guerre est enlevé à Bernadotte comme il l'avait été à Pétiet,
et Bonaparte sert d'agent d'exécution, comme avant lui
Augereau.

L'évènement, il est vrai, prit une autre tournure que
celle attendue par ceux qui l'avaient préparé. Ce fut le
général qui, poussé par les circonstances, en profita. Mais
il en était si peu l'auteur que d'abord il ne devait y jouer
aucun rôle. Au début, les Directeurs ne pensaient pas à le
faire revenir d'Égypte. Hoche mort, Joubert tué à Novi, les
autres généraux en vue compromis ou suspects aux partis,

ils ne trouvèrent personne autre à qui confier le commandement des troupes dont le concours leur était nécessaire.

Le 2 décembre (1851) fut l'œuvre des auteurs de la Constitution, qui confia le pouvoir exécutif au Président de la République, et du suffrage universel, qui appela le prince Napoléon à la Présidence. Le général Cavaignac, s'il eût été élu, n'aurait rien tenté contre la République. Quant à l'armée, elle n'a fait qu'obéir, comme c'était son devoir, au chef que la Constitution lui avait imposé.

Le 4 septembre 1870, il y avait à Paris 1.400 officiers et 73.000 soldats ; 10.000 nouvellement arrivés de province campaient au Champ de Mars et 4.500 de la Garde Impériale étaient casernés à l'Ecole Militaire. Le général Cousin-Montauban était ministre de la Guerre. De tous ces soi-disant prétoriens, aucun ne bougea pendant le mouvement insurrectionnel qui s'accomplissait sous leurs yeux et qui aboutit au renversement du régime impérial.

Enfin dans ces derniers temps, aussi bien pendant la présidence du maréchal de Mac-Mahon que pendant le ministère Boulanger, l'armée n'eut pas un geste de nature à faire suspecter son loyalisme.

En vérité, ceux qui rendent l'armée responsable des coups d'Etat, ou qui lui prêtent l'intention d'en préparer, font penser à ces tire-laine et coupeurs de bourses qui, dans les rassemblements, crient au voleur pour affoler la foule et opérer plus tranquillement.

De ce qu'il n'y a pas d'exemple de coup d'état militaire, il ne s'ensuit pas qu'il n'y en aura jamais. Si l'armée achève l'évolution qu'elle est en voie d'accomplir et reste à la discrétion d'un ministre politique, si la peur et le pacifisme arrivent à lui persuader que la guerre n'est plus possible, et que son rôle se borne à des opérations de police intérieure, alors le patriotisme ne sera plus qu'un vain mot, et l'intérêt personnel sera souverain. Les différents partis, les ministres d'hier, d'aujourd'hui et de demain, auront leurs généraux et leurs clients militaires. Avec les coteries qui se formeront, l'ère des *pronunciamientos* et des dictatures pourra bien s'ouvrir. Mais alors il n'y aura plus d'armée, il ne restera que des bandes en armes, dont le concours s'achètera par des largesses et le relâchement de la discipline.

L'armée doit être une et nationale sans plus; elle n'est pas plus progressiste que socialiste, ni plus radicale que royaliste, ou impérialiste que jacobine. Elle a ses devoirs et ses règles, et doit obéir strictement aux ordres qu'elle reçoit du ministre ou de ses représentants; mais elle a aussi des droits, et même des prérogatives spéciales, en raison de son incapacité politique.

Elle est en droit de demander à être jugée au grand jour et par ceux-là seuls qui ont qualité pour le faire, de réclamer par conséquent, non pas seulement le désaveu, mais encore la suppression effective de la délation et de toute inquisition occulte (1)

---

(1) Les dénonciateurs, atterrés par la révélation de leurs agissements, faite à la séance du 28 octobre 1904, ne furent pas longs à se remettre d'aplomb. M. Combes, président du Conseil prit la peine de les rassurer. Dans son discours du 15 janvier 1905, il établit que l'organisation du système de délation était un acte ministériel et que la responsabilité ministérielle ayant été mise en jeu (retraite d'André), l'incident, pour le Gouvernement, était définitivement clos. Pour les cas particuliers, il considérait comme juste de tenir compte de la bonne foi (*sic*) de ceux qui ont participé au système et qui s'y croyaient autorisés.

Elle doit savoir si, oui ou non, ses membres sont autorisés à se lier par serment à des sociétés secrètes, à la franc-maçonnerie en particulier.

Elle demande aussi que les chefs auxquels il lui est prescrit d'obéir soient considérés et écoutés dans les questions qui l'intéressent, et à être elle-même protégée et soutenue, autrement que par des paroles. contre les insultes et les attaques dont elle est l'objet.

Enfin elle a besoin que ses cadres ne restent pas comme actuellement à la merci d'un homme qui, en raison de son origine et de sa situation, est obligé de faire une large part à la politique.

L'Armée, en un mot, doit être nationale pour rester en dehors de l'agitation des partis et n'être pas distraite de son travail par des préoccupations étrangères à sa mission.

M. Pelletan, ministre de la Marine, est plus explicite et plus encourageant ; il distingua.

Contre les catholiques la délation est excellente, à la condition de se faire adroitement ; au contraire, les catholiques se rendent coupables d'embauchage, de corruption et de trahison s'ils dévoilent les dénonciations dont il sont l'objet.

(Discours au banquet Berteaux.)

En fait les délateurs, à commencer par leur chef, le F.·. Peigné, obtinrent tous de l'avancement par choix hors tour, ou des postes de faveur à Paris et au ministère.

FIN

TABLE

I. — Revue du camp de Châlons. — Grandeur et popularité de l'Armée nationale. — Élan patriotique. 5

II. — Réaction antimilitariste. — Reprise de l'affaire Dreyfus. — Le général de Galliffet, ministre de la Guerre, prépare l'intrusion de la politique dans l'armée 9

III. — Ministère André. — Pouvoir absolu du Ministre. — Délation et arbitraire.—Substitution brutale de l'armée politique à l'armée nationale. 20

IV. — Conséquences de la campagne antimilitariste. — Découragement des cadres ; indiscipline de la troupe. — Dangers qui s'ensuivent et provoquent un semblant de réaction. — Discipline et Commandement 46

V. — Dangers de l'immixtion de la politique dans l'armée. — Griefs formulés contre l'armée nationale. — Revendications et droits de l'armée 62

Imprimeries, Édition et Publicités BELLEVILLE, 29, rue du Moulin-Vert.